会計リテラシー

山本孝夫・前川邦生 [編著]

飯野幸江・井上行忠・谷川喜美江 [著]

創 成 社

はじめに | PREFACE

　会計とは企業経営（ビジネス）を理解するための共通言語であるとも言われている。この共通言語を理解するため，企業の本質は，限られた経営資源を有効に活用し，また再配分して，顧客に付加価値を提供して，その製品なり商品を販売してそのリターン（見返り＝利益）を得て，その成果を適正に配分することにあることを理解すべきである。すなわち，企業では資金を調達し，原材料や製造設備さらにはよき人材を調達し，運用活用する一連の活動を，システム的にその過程を整理し，伝達する一連のしくみが「会計」である。その手段として，複式簿記システムを用いて，企業活動のすべてを記録（読み）・計算（ソロバン）・整理（書き・表示）することにある。その結果を企業を取り巻く利害関係者（ステークホルダー）に，企業の損益計算の結果や現在の財産管理状況および資金の流れの状況を会計のしくみを用いて報告することである。

　会計とは企業の経営活動を経済事象として認識し，測定し，その結果作成された情報を伝達する行為である（ここでは，損益計算書や貸借対照表およびキャッシュ・フロー計算書等を指す）。

　帝人の会長・長島　徹氏は，「企業は社会に役立つ価値を生むことで収益を上げ，ステークホルダーに利益を還元し，さらなる社会貢献と持続的な発展のために投資するというサイクルを回すことで成立しています。社会に貢献できる技術・製品・サービスを追求し，顧客や社会と共存共栄をはかる。それが事業（企業経営）を行う基本姿勢である。」という。

　これがまさに，企業の経済事象であり，そのすべてを認識し，測定し，報告が必要とされるのである。

　簿記・会計の入門書として初学者のみなさんに理解しやすいように心がけ，簿記会計用語の基本的な理解のために簡単，簡潔に著者の先生方に執筆をご依頼申し上げたのである。

　企業はより高い社会的な意義のある目標の達成を目指すべきであるし，学生諸君は，簿記・会計を基礎から学び応用力を身につけ，社会に必要とされる人間力や社会力を身につけ，社会に貢献できる有意な人材となるよう学んでいただきたいと願う一人である。

　嘉悦大学経営経済学部の山本孝夫教授が長年会計教育に携ってこられた功績を祝し，2年前の誕生日にまでには出版する予定だったが諸般の事情から出版が遅れて恐縮している次第である。

本書の出版に際し，創成社社長塚田尚寛氏，出版部廣田喜昭氏に細部にわたりご協力を賜り感謝申し上げる次第である。

2010年4月10日

　　　　　　　　　　　代表編集　　嘉悦大学教授　　山　本　孝　夫
　　　　　　　　　　　　　　　　　大東文化大学教授　前　川　邦　生

目　次 | CONTENTS

はじめに

第Ⅰ部　企業の記録と企業会計

第1章　会計の目的と種類 ───── 3
1　会計の目的 ……………………………………………………… 3
2　会計の種類 ……………………………………………………… 3
3　会計の役割 ……………………………………………………… 6

第2章　企業の記録と財務諸表 ───── 9
1　複式簿記の意義 ………………………………………………… 9
2　複式簿記の記帳プロセス ……………………………………… 9
3　財務諸表 ………………………………………………………… 12

第3章　アカウンタビリティとステークホルダー ───── 15
1　株式会社のしくみと特徴 ……………………………………… 15
2　アカウンタビリティ …………………………………………… 16
3　ステークホルダー ……………………………………………… 18

第4章　制度会計 ───── 21
1　会計制度と制度会計 …………………………………………… 21
2　会社法会計 ……………………………………………………… 22
3　金融商品取引法会計 …………………………………………… 23
4　税務会計 ………………………………………………………… 24
5　トライアングル体制 …………………………………………… 24

第5章　会計公準と会計原則 ───── 27
1　会計理論の構造 ………………………………………………… 27
2　会計公準 ………………………………………………………… 27
3　会計原則 ………………………………………………………… 28
4　一般原則 ………………………………………………………… 29

第6章　損益計算書 ─── 33

1. 損益計算書の意義 ･･････････････････････････････ 33
2. 収益と費用の分類 ･････････････････････････････ 33
3. 損益計算書の形式と表示 ････････････････････････ 34
4. 損益計算書の計算構造 ･････････････････････････ 36
5. 収益と費用の認識と測定 ････････････････････････ 38

第7章　貸借対照表 ─── 39

1. 貸借対照表の意義 ･････････････････････････････ 39
2. 貸借対照表の形式と表示 ････････････････････････ 40
3. 貸借対照表の内容 ･････････････････････････････ 42

第Ⅱ部　企業経営と会計の応用

第1章　税金の概要 ─── 49

1. 税金の意味 ･･･････････････････････････････････ 49
2. 税金の種類 ･･･････････････････････････････････ 49
3. 税金の体系 ･･･････････････････････････････････ 50
4. 法人税の特色 ････････････････････････････････ 52
5. 法人の種類と納税義務 ･････････････････････････ 52

第2章　所得税の概要 ─── 55

1. 所得税の特色 ････････････････････････････････ 55
2. 各種所得の内容と計算方法 ･･････････････････････ 55
3. 納税義務 ･････････････････････････････････････ 56
4. 申告・納税の方法 ････････････････････････････ 58
5. 総合課税方式と超過累進課税 ････････････････････ 58

第3章　損益法と財産法，キャッシュ・フロー計算書 ─── 61

1. 期間損益計算について ･･････････････････････････ 61
2. 財産法 ･･････････････････････････････････････ 61
3. 損益法 ･･････････････････････････････････････ 61
4. 財産法と損益法の計算例 ････････････････････････ 62
5. キャッシュ・フロー計算書の形式（参考：応用内容）･････ 64
6. キャッシュ・フロー計算書の具体例「直接法」････････ 64

第4章　社会保険料と年金計算 ─── 67

1. 医療保険の概要 ･･･････････････････････････････ 67

2 年金保険の概要 …………………………………………………… 68
3 労災保険の概要 …………………………………………………… 70
4 雇用保険の概要 …………………………………………………… 70

第5章 割引計算（現価係数表・年金現価係数表の見方，読み方） ── 73
1 複利計算とは ……………………………………………………… 73
2 割引計算 …………………………………………………………… 73
3 現価係数 …………………………………………………………… 74
4 年金現価係数 ……………………………………………………… 76

第6章 損益分岐分析（原価 cost・営業量 volume・利益 profit）の分析 ── 79
1 CVPの分析 ………………………………………………………… 79
2 売上高，原価，利益の関係（一般商品売買：卸売業・小売業）…… 79
3 売上高，原価，利益の関係（CVP関係の分析）………………… 80

第7章 会計と職業会計人 ── 85
1 税理士の概要 ……………………………………………………… 85
2 税理士試験 ………………………………………………………… 86
3 税理士の登録 ……………………………………………………… 86
4 国税専門官の概要 ………………………………………………… 87
5 公認会計士の概要 ………………………………………………… 88

第8章 国際会計基準 ── 93
1 財務諸表 …………………………………………………………… 93
2 会計基準 …………………………………………………………… 93
3 国際会計基準の必要性 …………………………………………… 94
4 国際会計の流れおよび現状 ……………………………………… 94
5 英文会計（国際会計検定）………………………………………… 94
6 英文会計の財務諸表（貸借対照表）……………………………… 96
7 英文会計の財務諸表（損益計算書）……………………………… 98

第Ⅲ部　会計情報分析

第1章 企業に関する情報 ── 103
1 会計情報と利害関係者 …………………………………………… 103
2 企業に関する情報入手 …………………………………………… 103
3 有価証券報告書 …………………………………………………… 104

4　EDINETを利用した有価証券報告書の入手方法 ………………………… 104
　　5　有価証券報告書の記載事項 ……………………………………………… 105
　　6　財務諸表 …………………………………………………………………… 108

第2章　損益計算書から得られる情報 ─────────────── 109
　　1　損益計算書 ………………………………………………………………… 109
　　2　損益計算書から得られる情報 …………………………………………… 110

第3章　貸借対照表から得られる情報 ─────────────── 115
　　1　貸借対照表 ………………………………………………………………… 115
　　2　負債・純資産から得られる情報 ………………………………………… 115
　　3　資産・負債・純資産から得られる情報 ………………………………… 118

第4章　損益計算書および貸借対照表から得られる情報 ─────── 121
　　1　損益計算書と貸借対照表の両財務諸表の利用 ………………………… 121
　　2　損益計算書と貸借対照表の両財務諸表から得られる情報 …………… 121

第5章　キャッシュ・フロー計算書 ──────────────── 123
　　1　キャッシュ・フロー計算書 ……………………………………………… 123
　　2　キャッシュ・フロー計算書から得られる情報 ………………………… 124

補　章　簿記（Bookkeeping）の歴史 ─────────────── 127
　　1　パチョリ（Luca Pacioli 1445-1517）…………………………………… 127
　　2　シャンド（Shand, Alexander Allan 1844/2/11-1930/4/12）………… 128

資　料　133
解　答　139

第Ⅰ部

企業の記録と企業会計

第1章　会計の目的と種類

1　会計の目的

　会計とは，経済主体が行う経済活動を貨幣額で記録・計算・報告する一連のシステムである。経済主体とは経済活動を行う組織体のことをいい，主なものとして企業，政府および家の3つがある。これらの経済主体のそれぞれにおいて経済活動が営まれており，会計が行われている。企業の会計は企業会計，政府の会計は政府会計または財政，家の会計は家計という。

　会計の目的は，これらの経済主体がどのような目的をもって経済活動を行うのかによって異なる。

　企業の経済活動の主たる目的は，利益の追求である。もちろん企業が経済活動を行う目的はこれだけではない。社会貢献や従業員の福祉のためといった目的もあるだろう。しかし，これらは副次的な目的であって，主たる目的ではない。なぜなら企業が利益を獲得しなければ，社会貢献活動や従業員のための福祉活動を行うことができないばかりか，企業そのものを継続することができなくなってしまうからである。企業のように利益の獲得を目的とし，財やサービスを生産して販売する経済主体を，営利組織体または生産組織体という。したがって，企業のような営利組織体では経済活動の目的が利益の追求にあるので，会計の目的は利益の計算となる。すなわち企業会計の目的は損益計算である。

　一方，政府や家の経済活動は，利益の追求すなわち営利を目的としない。むしろ政府や家の経済活動は，企業が生産した財やサービスを消費することによって行われる。政府や家のような営利を目的とせず，もっぱら財やサービスを消費する経済主体を，非営利組織体または消費経済体という。このような経済主体では財やサービスを生産するわけではなく，これらを消費するだけなので，会計の目的は収入と支出の計算となる。すなわち，政府や家のような非営利組織体の会計目的は収支計算である。

2　会計の種類

　会計をそれが対象とする経済主体や扱う領域によって分類すると，図表1－1のように

なる。

　会計はマクロ会計とミクロ会計に大別できる。ミクロ会計は，それが対象とする経済主体によって企業会計と非営利会計に分類される。企業会計は，それが扱う領域によって財務会計と管理会計に分類される。さらに財務会計は制度会計と制度会計以外の財務会計に，管理会計は業績管理会計と意思決定会計に大別される。

図表1－1　会計の種類

```
                                    ┌ 制度会計
                        ┌ 財務会計 ┤
                        │          └ 制度会計以外の財務会計
            ┌ 企業会計 ┤
            │          │          ┌ 業績管理会計
ミクロ会計 ┤          └ 管理会計 ┤
会　計 ┤    │                      └ 意思決定会計
            └ 非営利会計
            マクロ会計
```

❶ マクロ会計とミクロ会計

　会計は，それが対象とする経済主体を全体として捉えるか，それとも個別に捉えるかによってマクロ会計とミクロ会計に大別される。

　マクロ会計は，国全体を1つの経済主体として行われる会計である。したがって，その内容は国民経済計算が中心となる。マクロ会計は，一国の経済をまるごと対象とするので社会会計ともいう。

　一方，ミクロ会計は，国の経済を構成する各経済主体別に行われる会計である。国の経済を構成する経済主体には，企業，政府，家などがあり，ミクロ会計は，このような個別の経済主体を対象とする会計をいう。

❷ 企業会計と非営利会計

　ミクロ会計は，個別経済主体が営利を目的として経済活動を行っているか否かによって，企業会計と非営利会計に分類される。

　営利を目的として経済活動を行っている経済主体は企業であり，企業を対象とする会計を企業会計という。一般的に会計といった場合には，企業会計を指すことが多い。なお，企業の経済活動の目的は営利，すなわち利益の追求にあるので，企業会計の目的は損益計算となる。

　一方，営利を目的としない経済主体の会計を非営利会計という。非営利の経済主体には，政府や家の他に地方自治体，病院，学校，寺社，NPO法人などがある。これらの経済主体の

経済活動は，いずれも利益の追求を目的としていないので，会計の目的は収支計算となる。

❸ 財務会計と管理会計

企業会計は，報告対象の違いによって財務会計と管理会計に分類される。

財務会計は，企業の資本および損益を正確に測定するとともに，企業の財政状態および経営成績を明らかにし，それを外部の利害関係者に報告する会計である。財務会計では報告対象が企業外部の利害関係者なので，これを外部報告会計ともいう。

財務会計は，報告にあたって法律や規則などの制度の制約を受けるか否かによって，制度会計と制度会計以外の財務会計に大別できる。制度の制約を受け，制度に従って行われるのが制度会計，制度による規制とは関係なく，企業が自主的に会計情報を外部の利害関係者に報告する会計が制度会計以外の財務会計である。これは財務会計では不特定多数の外部の利害関係者を報告対象とするため，企業による自主的な報告では不十分で，制度のようなある一定のルールに従って会計情報が作成され，報告される必要があるからである。そのため財務会計では，事業年度ごとに期間を区切り，企業の経済活動を複式簿記によって記録し損益計算を行う。記録および計算の尺度となるのは貨幣である。また，財務会計で報告される会計情報は，過去の事象を対象としたものであり，それらは一定のルールに従って作成されるので客観性が高いという特性がある。

一方，管理会計は，企業の経営者が経営管理を行うのに有用な会計情報を提供する会計である。管理会計では報告対象が企業内部の経営者または経営管理者なので，これを内部報告会計ともいう。

管理会計は，経営管理機能に基づいて業績管理会計と意思決定会計に大別できる。業績管理会計は，経営活動の業績を評価するために経営の期間計画を策定し，これを統制するための会計である。これによって経営者に原価管理や利益管理に有用な会計情報を提供するのである。意思決定会計は，経営者が経営の個別問題に対して意思決定を行う際に，それの代替案の評価と選択に有用な会計情報を提供するための会計である。

管理会計における報告対象は企業内部の経営者または経営管理者であるため，法規制に縛られる必要はない。また，管理会計で要求される会計情報は，経営者にとって役立つものであればよいので，必ずしも複式簿記によって記録・計算される必要もないし，貨幣だけではなく物量による尺度も重要となる。そのため事業年度ごとに区切って計算する必要もなく，弾力的に計算期間を設定することができる。また，管理会計で重視される会計情報は，過去の事象を対象とした客観性の高いものよりも，むしろ未来の事象を対象にした目的適合性の高いものが要求される。

財務会計と管理会計の違いをまとめると図表1－2のようになり，多くの点で異なっているのがわかるだろう。これらの違いは，いずれも報告対象の違いから導き出されるものである。

図表1-2　財務会計と管理会計の相違点

	財務会計	管理会計
報告対象	企業外部の利害関係者	企業内部の経営者および経営管理者
報告内容	企業の財政状態および経営成績に関する会計情報	経営管理に有用な会計情報
法規制の有無	有	無
計算期間	事業年度に基づいた会計期間	弾力的に設定された任意の期間
記録・計算方法	複式簿記に基づく	複式簿記にとらわれない
記録・計算尺度	貨幣	貨幣および物量
記録・計算対象の重点	過去の事象	未来の事象
情報の特性	客観性	目的適合性

3 会計の役割

　企業会計の役割には主として①アカウンタビリティの履行，②利害調整，および③意思決定支援の3つがある。

❶ アカウンタビリティの履行

　企業は，さまざまな資源を利用して経済活動を行っている。企業の代表的な形態である株式会社であれば，株主が出資した資金を経済活動に投下し，その結果として投下資金を回収すると同時に利益を獲得し，それを再び経済活動に投下するという循環を繰り返している。このとき，株主は自らの資金の運用を株式会社に委託したのであり，株式会社はこの資金をどのように管理・運用したのかを株主に対して報告する受託責任が生じる。これをアカウンタビリティといい，株式会社は会計を通じてそれを履行するのである。すなわち，株式会社の資本や損益を正確に測定し，財政状態や経営成績に関する会計情報を株主に報告することによってアカウンタビリティを履行するのである。

❷ 利害調整

　企業を取り巻く利害関係者は株主や債権者などさまざまであり，各利害関係者の利害は必ずしも一致するわけではない。たとえば，株主と債権者では企業が獲得した利益をめぐって利害が異なる。株主であれば利益をできるだけ多く配当金に回してもらいたいと考えるだろうし，債権者とすれば利益を将来の返済に備えて企業内部に留保しておいてもらいたいと考えるだろう。また，株主と経営者，債権者と経営者の間でも利害が異なる。経営者は，経営戦略の観点から，利益を新たな事業や研究開発に投じたいと考えるかもしれない。
　利害調整とは，利害関係者の誰もが納得のいくように利益の分配額を決定することであ

る。そのために利害関係者に提供される会計情報は，誰に対しても中立で公正なものでなければならない。公正性を保つためには，あらかじめ決められた会計のルールが必要であり，それに従って企業会計を行うことが，利害関係者間の利害を調整することになるのである。

❸ 意思決定支援

　企業は，会計を通じて利害関係者に有用な情報を提供する。とりわけ投資家の意思決定に役立つ会計情報を提供することにより，投資意思決定を支援する。これにより投資家は，投資のリスクとリターンを比較考慮して投資先を決定することができる。投資家が合理的に投資意思決定をできるようにするためには，提供される会計情報は目的適合性のあるものでなければならない。目的適合性のある会計情報は投資家の利益を保護し，その結果，証券市場に効率的に資源が配分されることになる。近年，企業の資金調達は証券市場に大きく依存するようになってきており，投資家への意思決定支援という会計の役割は，より重視されてきている。

演習問題

1．企業会計の目的について説明しなさい。
2．財務会計と管理会計の違いについて説明しなさい。
3．企業会計の役割について説明しなさい。

第2章　企業の記録と財務諸表

1　複式簿記の意義

　企業の経済活動は複式簿記によって記録される。そもそも簿記という用語は「帳簿記録」の略語だともいわれている。複式簿記は，企業における経済活動を貨幣額で，記録・整理・計算するための技法である。

　複式簿記の特徴の1つは，経済活動の結果と原因の両面を記録することである。たとえば，手持ちの現金が1,000円増加したとしよう。現金が増加したのは，友人から1,000円借りたからかもしれないし，あるいはアルバイト料が1,000円入ったからかもしれない。そこで複式簿記では現金が1,000円増加したという結果だけではなく，その原因も記録することで，どのような経済活動が行われたのかを2面的に把握するのである。

　複式簿記のもう1つの特徴は，それが損益計算書と貸借対照表を作成するための一連の有機的なシステムとなっていることである。すなわち，複式簿記の技法に従って記録・整理・計算をしていけば，自動的に損益計算書と貸借対照表を導き出せるのである。損益計算書と貸借対照表はいずれも企業が獲得した損益を明らかにする計算書である。しかし，損益計算は，損益計算書では損益法，貸借対照表では財産法で行われる。すなわち，複式簿記では記録だけでなく，損益計算も2面的に行うのである。

2　複式簿記の記帳プロセス

　複式簿記の記帳プロセスは，①仕訳，②総勘定元帳への転記，および③試算表の作成からなっている。

❶ 仕　訳

　複式簿記では経済活動を帳簿に記録することからはじまる。複式簿記に記録される経済活動を取引という。取引は，資産・負債・純資産・収益・費用の5つの要素に分解され，仕訳という方法で記録される。

　たとえば，「現金1,000円を資本として会社の営業を開始した」という取引が行われたと

しよう。この取引では，会社の現金（資産）が1,000円増加するとともに，会社の資本金（純資産）が1,000円増加する。すなわち，この取引は，「資産の増加」という要素と「純資産の増加」という要素の2つに分解できるのである。この場合，現金（資産）1,000円の増加というのは取引の結果であるが，その原因は資本金（純資産）1,000円の増加にあり，取引の結果と原因の両面を記録することになる。この取引は，次のように記録される。

　（借方）現　金　1,000　　　（貸方）資本金　1,000

借方と貸方というのは，左右を表す記号である。借方は左側，貸方は右側を意味する。借方に記録される要素と貸方に記録される要素の金額は，必ず一致する。これを貸借平均の原理という。

　ところで，取引の記録には一定のルールがある。それは取引の結合関係に従って記録しなければならないことである。図表2－1は取引の結合関係を示したものである。

図表2－1　取引8要素の結合関係

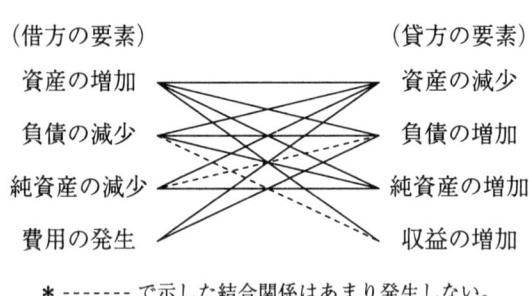

＊------で示した結合関係はあまり発生しない。

　複式簿記では取引を分解して，それを取引8要素の結合関係に従って記録していく。この記録方法を仕訳といい，仕訳は仕訳帳と呼ばれる帳簿に記入される。

❷ 総勘定元帳への転記

　複式簿記の第2のプロセスは，仕訳によって分解された5つの要素を項目ごとに整理することである。これは仕訳帳の記録を総勘定元帳に転記することによって行われる。

　例題1では「現金」という項目が借方に3つ，貸方に2つ記録されている。仕訳では各項目とその金額がばらばらに記録されているが，これを1つにまとめて整理するのである。具体的には，各項目の名前がつけられた「勘定」という場所にまとめる。現金であれば，現金の名前のついた勘定（これを現金勘定という）にその金額を書き移していくのである。勘定が設定されている帳簿を総勘定元帳といい，仕訳帳に記録された金額を総勘定元帳に書き移すことを転記という。

例題 1

次の取引を仕訳しなさい。
（1）現金1,000円を資本として会社の営業を開始した。
（2）銀行から現金500円を借り入れた。
（3）商品800円を現金で仕入れた。
（4）商品1,000円を現金で売り上げた。
（5）建物1,500円を現金で購入した。

解　答
（1）（借方）現　　金　1,000　　（貸方）資本金　1,000
（2）（借方）現　　金　　500　　（貸方）借入金　　500
（3）（借方）仕　　入　　800　　（貸方）現　　金　　800
（4）（借方）現　　金　1,000　　（貸方）売　　上　1,000
（5）（借方）建　　物　1,500　　（貸方）現　　金　1,500

例題 2

例題1の仕訳を勘定に転記しなさい。

解　答

現　金		建　物		借入金	
1,000	800	1,500			500
500	1,500				
1,000					

資本金		売　上		仕　入	
	1,000		1,000	800	

❸ 試算表の作成

　複式簿記の第3のプロセスは，総勘定元帳の各勘定に整理された金額を計算して一覧表を作成することである。この一覧表を試算表という。試算表には合計試算表，残高試算表および合計残高試算表の3種類がある。合計試算表は各勘定の借方と貸方の合計額を計算したものであり，残高試算表は各勘定の残高を計算したものである。合計残高試算表は，合計試算表と残高試算表を1つにまとめたものである。

例題 3

例題2の勘定記録から，①合計試算表，②残高試算表，および③合計残高試算表を作成しなさい。

解　答

合計試算表

借　方	勘定科目	貸　方
2,500	現　金	2,300
1,500	建　物	
	借入金	500
	資本金	1,000
	売　上	1,000
800	仕　入	
4,800		4,800

残高試算表

借　方	勘定科目	貸　方
200	現　金	
1,500	建　物	
	借入金	500
	資本金	1,000
	売　上	1,000
800	仕　入	
2,500		2,500

合計残高試算表

借方残高	借方合計	勘定科目	貸方合計	貸方残高
200	2,500	現　金	2,300	
1,500	1,500	建　物		
		借入金	500	500
		資本金	1,000	1,000
		売　上	1,000	1,000
800	800	仕　入		
2,500	4,800		4,800	2,500

試算表の役割は主として2つある。

1つは，仕訳帳から総勘定元帳への転記が正確に行われたかどうかを確認することである。貸借平均の原理により，仕訳では借方と貸方の金額は常に一致するため，総勘定元帳への転記が正確に行われていれば，各勘定の借方金額の合計と貸方金額の合計は一致する。試算表はこの原理を応用して，総勘定元帳への記録の正否を自動的に検証するのである。

試算表のもう1つの役割は，損益計算書と貸借対照表を作成するための基礎資料を提供することである。これにより企業の財政状態と経営成績を概観することができるのである。

3 財務諸表

　財務諸表は，企業の経済活動を報告するために作成される計算書類で，複式簿記の記録に基づいて作成される。財務諸表の種類には損益計算書，貸借対照表，キャッシュ・フロ

例題 4

例題 3 の残高試算表から損益計算書を作成しなさい。

解 答

損益計算書

費 用	金 額	収 益	金 額
仕 入	800	売 上	1,000
当期純利益	200		
	1,000		1,000

―計算書，株主資本等変動計算書，附属明細表などがある。そのなかでも企業の報告の基本となる財務諸表が，損益計算書と貸借対照表である。これらはいずれも試算表の記録に基づいて作成される。

❶ 損益計算書と損益法

　損益計算書は，一定期間における企業の経営成績を明らかにしたものである。損益計算書は会計期間中に発生した収益と費用によって構成されており，これらの要素を集計して当期純損益を明らかにする。

　損益計算書では一会計期間の損益を明らかにするが，それは収益合計から費用合計を差し引くことによって計算される。収益合計が費用合計を上回れば当期純利益となり，下回れば当期純損失となる。このように収益と費用の差額によって当期純損益を計算する方法を損益法という。

　損益計算書の特徴は，企業の経済活動のフロー面を明らかにすることである。これは収益と費用が企業に利益や損失をもたらす要素であり，損益計算書は企業の経済活動のフローについての要素を集計したものであるからだ。そのため損益法による損益計算は，利益の発生原因を明らかにすることができるという長所をもつ。しかし，収益と費用は，発生したつど記録しないとその把握は難しい。そのため損益法では複式簿記による記録を前提とする。

❷ 貸借対照表と財産法

　貸借対照表は，一定時点における企業の財政状態を明らかにしたものである。貸借対照表は，期末に企業が所有する資産，負債および純資産によって構成されている。

　貸借対照表においても，一会計期間の損益が明らかにされる。その金額は，損益計算書で計算される当期純損益の金額と同じとなる。しかし，貸借対照表においてそれは期首純資産と期末純資産の差額として計算される。純資産とは，資産合計から負債合計を差し引

例題 5

例題3の残高試算表から貸借対照表を作成しなさい。

解 答

貸借対照表

資　産	金　額	負債および純資産	金　額
現　金	200	借　入　金	500
建　物	1,500	資　本　金	1,000
		当期純利益	200
	1,700		1,700

　いた金額のことをいう。例題5の貸借対照表が期末に作成されたものであるとすれば，資産合計1,700円（現金200円＋建物1,500円）から負債合計500円（借入金500円）を差し引いた1,200円が期末純資産となる。例題5の貸借対照表に記載されている資本金1,000円は，会社の営業開始にあたって元入れされたものであり，期首純資産となる。すなわち，貸借対照表に記載されている当期純利益200円は，期末純資産1,200円から期首純資産1,000円を差し引いて計算されたものなのである。このように期末純資産と期首純資産の差額として損益計算をする方法を財産法という。財産法では，当期純損益を純資産の増減によって明らかにする。つまり，純資産の増加額を当期純利益，純資産の減少額を当期純損失として把握するのである。

　貸借対照表の特徴は，企業の経済活動のストック面を明らかにしていることである。これは貸借対照表を構成する資産と負債が，それぞれ企業が所有する財貨とその返済義務であることから，貸借対照表は企業の純財産を明らかにしているためである。財産法における損益計算では，期首と期末の資産と負債を実地調査することにより，期首純資産と期末純資産の計算ができる。つまり，複式簿記の記録によらなくても損益計算を行うことができるのである。さらにそれらの金額は実地調査による事実に基づくものでもあるので，確実な損益計算ができるという長所がある。しかし，財産法では期首と期末の純資産の差額によって当期純損益が計算されるため，会計期間中にどのような経済活動が行われて，どのような原因によって純資産が増減したのかはわからない。すなわち，財産法では利益の詳細な発生原因は明らかにされないのである。

演習問題

1. 損益計算書と貸借対照表を作成するまでの複式簿記の記帳プロセスを説明しなさい。
2. 損益法と財産法による損益計算方法を説明し，それぞれの長所と短所をあげなさい。

第3章 アカウンタビリティとステークホルダー

1 株式会社のしくみと特徴

❶ 株式会社のしくみ

　企業にはさまざまな形態があるが，そのなかで代表的な形態が株式会社である。

　株式会社は，株式を発行することによって経営活動に必要な資金を調達する会社である。株式会社が発行した株式を購入する者を株主といい，株主は株式を購入することによって当該株式会社へ出資をすることになる。株主は株式会社への出資者であり，出資額に応じて議決権や利益配当などの権利を有するのである。

　株式会社では不特定多数の株主から資金を調達するため，基本的に株主は出資を行うだけで経営には携わらない。そこで，会社の経営を専門的に行う者として取締役が選出される。取締役は，株式会社の最高意思決定機関である株主総会において選出される。すなわち，株式会社では株主が経営資金を提供し，株主によって選任された取締役が経営者として経営資金の管理・運用をして，会社経営を行うというしくみになっている。

❷ 株式会社の特徴

　株式会社の主な特徴として，①有限責任を前提としていること，②株式は自由に譲渡できること，および③所有と経営が分離されていること，があげられる。

　第1の特徴は，株式会社の出資者である株主の責任は限定されているということである。株式会社から見ると，株主からの出資額は株式会社の資本金となる。株式会社にとって資本金は，借入金などと違って株主へ返還する義務のない資金である。たとえば，株式会社が倒産した場合，借入金などの債務は会社の財産を処分するなりして債権者に返済しなければならないが，株主からの出資金は返還する義務がない。これは株主から見ると，株式会社が倒産した場合，出資金は返還されないが，自らの損失も出資額にとどまるということである。すなわち，株主は会社が倒産したとしても自らの出資額を放棄するだけで責任は果たされ，自らの財産を処分して会社の債務の返済にあたる義務はないのである。株主は出資者であっても，その責任は自らの出資額に限定される。株主のように出資者の責任

が限定されていることを，有限責任という。それに対して，出資者の責任が出資金のみならず，会社の債務に対して無限に責任を負わなければならないことを，無限責任という。株式会社は，出資者である株主の有限責任を前提として成立しているのである。

　株式会社の第2の特徴は，原則として株主は所有する株式を自由に譲渡できることである。株式会社では出資金を株主へ返還しないので，株主が当該株式会社の出資者であることをやめ，出資金を回収しようとする場合には，所有している株式を売却することによって行う。株式は，一部の種類を除いて自由に譲渡でき，そのための流通市場として証券取引所がある。これは誰でも自由に株主になったり，株主であることをやめたりできることを意味する。証券取引所では上場されている株式であれば自由に売買できるので，新たに株式を購入することによって株主になることもできるし，所有している株式を売却することによって株主であることをやめることもできる。このように株式会社では，株式を自由に譲渡でき，誰もが自由に株主になることができるのである。

　株式会社の第3の特徴は，出資者と経営者が別であるということである。これを「所有と経営の分離」という。もともと株式会社は，多額の資金を調達するために発達してきた企業形態であり，不特定多数から資金を調達するための方法として株式が発行されてきた。したがって，株式会社の株主は不特定多数から構成されていることが多く，必ずしも会社経営に精通しているとは限らない。そこで株主は，株主総会において専門的経営者として取締役を選出することによって，会社経営を委託するのである。そのため株式会社では，出資者である株主と経営者である取締役は基本的に別なのである。

2 アカウンタビリティ

❶ アカウンタビリティ

　アカウンタビリティ（accountability）とは，本来，財産の保全もしくは管理を適切に遂行する会計上の責任をいう。財産の管理・運用を委託された者（受託者）は，委託された財産を適切に保全し，その管理・運用の状況ならびに結果を正確に測定し，それを委託者に伝達する義務がある。こうした受託者としての管理責任を，会計機能を通じて達成しようとするのがアカウンタビリティである。

　したがって，アカウンタビリティは，財産の委託・受託関係の成立によって発生し，受託者が委託者に対して，受託財産の管理・運用状況を報告（これを説明責任という）することによって履行される。そして，アカウンタビリティは，委託者が受託者の報告（ここでは株主総会で報告する）を承認してはじめて解除されるのである。

❷ 株式会社におけるアカウンタビリティ

アカウンタビリティ概念は株式会社にも適用される。株式会社におけるアカウンタビリティを示すと図表３－１のようになる。

図表３－１をもとに、株式会社におけるアカウンタビリティを（１）発生，（２）履行，（３）解除の順に詳しく見ていくことにする。

図表３－１　株式会社におけるアカウンタビリティ

```
   受託者                         委託者
┌─────────┐   出　資   ┌─────────┐
│ 株式会社 │←──────│  株　主  │
│ 取締役   │──────→│ 株主総会 │
└─────────┘   報　告   └─────────┘
   受託責任      ┌──────┐      承　認
                │財務諸表│
                └──────┘
                   ↑
                  監　査
```

（１）アカウンタビリティの発生

アカウンタビリティが発生するのは、財産の委託・受託関係が成立したときである。株式会社では会社の資本金を株主が提供し、それをもとに取締役が会社経営を行うので、株式会社におけるアカウンタビリティの発生は、株主による出資が行われたときになる。すなわち、資本金の委託者が株主、受託者が株式会社の取締役となり、受託者である取締役に受託した出資金に対する受託責任が発生するのである。

（２）アカウンタビリティの履行

アカウンタビリティを履行するために、取締役は、株主から委託された出資金をどのように管理・運用し、その結果、どれだけの利益を獲得したのかを株主に報告しなければならない。こうした情報は、損益計算書や貸借対照表といった財務諸表を通じて報告される。そのため、会社法や金融商品取引法といった法律は、株式会社に対して財務諸表の開示を要請しているのである。

ところで、アカウンタビリティの履行手段としての財務諸表は、信頼性のあるものでなければならない。なぜならば、財務諸表が信頼できるものでなければ、報告を受ける株主は、取締役が受託責任をきちんと果たしているかどうかを判断することができないからである。財務諸表への信頼性は、監査によって付与される。一般的に監査は、外部の公認会計士によって行われる。

（3）アカウンタビリティの解除

アカウンタビリティは財務諸表による報告を通じて行われるが，これは委託者である株主の承認を得てはじめて解除される。財務諸表は株主総会において報告されるので，具体的にはそこでの承認をもってアカウンタビリティが解除されるのである。

3 ステークホルダー

❶ アカウンタビリティ概念の拡大とステークホルダー

株式会社は，株主だけから経営資金を調達しているわけではない。金融機関から借り入れたり，社債を発行したりして資金を調達することもある。また，取引先への代金の支払いを，将来の一定日にしてもらうこともある。このようにして調達された資金は，遅かれ早かれ返済しなければならず，こうした返済義務のある金銭を提供している者を債権者という。これらの資金は返済時までそれを経営活動のために用いることができるので，そういう意味では，債権者も株式会社に経営資金を提供していることになる。そこで，債権者と株式会社の間にも，提供した資金をめぐってアカウンタビリティが発生することになる。

伝統的なアカウンタビリティ概念においてもっぱら企業がアカウンタビリティの履行対象としているのは，株主や債権者といった企業への資金提供者だけであり，そうした者に対して財務諸表を開示していた。ところが，企業の大規模化が進んでくると，企業の社会的影響力は増大し，その影響力は無視できないものとなってきた。企業は社会を構成する一員として認識されるようになり，企業に社会性や公共性が求められるようになってきたのである。それにともなって，アカウンタビリティの履行対象は，株主や債権者などの資金提供者に加えて，従業員・政府・地方公共団体・地域住民などの非資金提供者にまで広がった。非資金提供者にまでアカウンタビリティの履行を求められるようになってきた理由は，企業が社会のなかで存在し活動をしている以上，社会から何らかのサービスを受けており，それに対してアカウンタビリティが生じているというのである。すなわち，財産の委託・受託関係は，有形の財産だけを対象とするのではなく，サービスといった無形の財産にまで対象を拡大してきたのである。

企業に資金を提供しているか否かにかかわりなく，企業からの報告を受ける権利を有する者をステークホルダーという。現代の企業ではアカウンタビリティ概念の拡大にともない，その履行対象はあらゆるステークホルダーにわたっている。

❷ ステークホルダーによる財務諸表の利用目的

企業のステークホルダーは多岐にわたり，アカウンタビリティ履行のために財務諸表に

図表3－2　ステークホルダーと財務諸表の利用目的

ステークホルダー	財務諸表の利用目的
株　主	株式をそのまま保有し続けるか，それとも売却するかを判断するために利用。
投資家	その企業の株式を購入するか否かの意思決定をするための情報として利用。
債権者	その企業に貸付をするか否か，貸付をする場合には利息などの条件をどうするか，貸付後は利息が安定して支払われ，無事に資金が回収できるかを判断するために利用。
従業員（労働組合）	経営内容が健全かを判断するとともに，労働力に対して適正な賃金が支払われているか，賃金の支払能力はどれくらいあるのか，といった賃金交渉を行うための資料として利用。
政府・地方公共団体	財務諸表に基づいて課税所得が正しく計算されているか否かを確認するために利用。
取引先	安心して取引を行うことができるか否かを判断するために利用。
消費者	商品やサービスは適正な価格で販売されているかどうかを判断するために利用。
地域住民	企業は税収の増加や雇用の創出を通じて地域経済に貢献しているか否かを判断するために利用。

よる報告がなされても，その利用目的はそれぞれ異なる。ステークホルダーごとの財務諸表利用目的は，図表3－2のようにまとめられる。

このようにステークホルダーによる財務諸表の利用目的は，それぞれに異なるだけでなく，内容も多様である。そのため企業は，アカウンタビリティの履行にあたって，こうしたステークホルダーの多様なニーズに応えていく必要がある。

演習問題

1．株式会社のしくみについて説明しなさい。
2．株式会社におけるアカウンタビリティの履行プロセスを説明しなさい。
3．ステークホルダーをあげ，それぞれのステークホルダーと財務諸表の利用目的の関係を説明しなさい。

第4章　制度会計

1　会計制度と制度会計

　会計制度とは，会計を社会的に規制するための会計方法ないし会計機構をいう。企業は，財政状態や経営成績などの会計情報を外部の利害関係者に報告する。通常，これらの会計情報は，企業が財務諸表を開示することによって提供される。これは，不特定多数の多岐にわたるステークホルダーにアカウンタビリティを履行するために有効である。アカウンタビリティの履行手段としての財務諸表は信頼性を有することが必要であるが，これは監査によって付与されるだけでなく，財務諸表の作成や開示そのものが何らかのルールに基づいて行われることも必要である。これは企業の規模が大きくなり，社会に与える経済的影響が大きくなると，ますます必要になる。なぜなら企業が自らにとって都合のよいように会計情報を作成したり，都合のよい会計情報だけを提供して，ステークホルダーに誤った判断をさせたり，不利益を与えたりする恐れがあるからだ。そのため会計を社会的に規制する会計制度が存在するのである。

　日本における主要な会計制度には，会社法，金融商品取引法および税法（法人税法・租税特別措置法）がある。これらの法律は，それが目的とするところや規制する内容がそれぞれ異なる。制度会計は，これらの会計制度に基づいて行われる会計である。したがって，会社法に基づいて行われる会計を会社法会計，金融商品取引法に基づいて行われる会計を金融商品取引法会計，税法に基づいて行われる会計を税務会計という。

　制度会計は会計制度の枠組みのなかで行われている会計であり，その規制内容に従って会計処理や会計情報の開示を行っている。近年，企業に要求される会計情報は拡大し，企業の中には会計制度で規定されていなくても自発的に会計情報を開示するところも増えている。そのため一昔前であれば，制度会計に組み込まれていなかったキャッシュ・フロー計算書や連結財務諸表などの開示が義務づけられるようになった。今後も企業に要求される会計情報は拡大し，それにともない制度会計に組み込まれていく会計情報も増えていくことになるだろう。

2 会社法会計

❶ 適用対象と目的

　会社法会計は，会社法の規制に従って行われる会計である。会社法の適用対象は，すべての会社（株式会社，持分会社，外国会社）である。したがって，会社の形態や規模の大小にかかわらず，日本国内における会社はすべて会社法の規制に従って会計を行わなければならない。会社法会計はすべての会社に適用されるのである。

　会社法会計の目的は，主として利害関係者に対する会計情報の提供と剰余金の配当に係わる配当規制である。それは，会社法会計の基本的な考え方が株主と債権者の保護にあるからである。株式会社では所有と経営が分離していることが基本なので，株主は直接経営に携わっていないことが多い。そこで，会計情報を提供することにより，株主に会社の経営状態を知らせるのである。株主は提供された会計情報から，自らが出資している会社が利益を上げているのかいないのか，どれだけの配当を受け取ることができるのかを知ることができ，さらに所有している株式を所有し続けるべきか，それとも売却するべきかという判断をすることができるのである。これは債権者についても同様である。会計情報から貸付先の経営状態を知ることによって，債権の回収可能性を判断したり，貸付条件を変更したりすることができる。さらに債権者にとっては，配当規制により過大に会社の財産が流出されるのを防ぐことができ，債権回収の原資を維持することができる。

❷ 計算書類等とその開示

　会社法では規模の大小の観点から，株式会社を大会社と中小会社に分類している。大会社は資本金5億円以上または負債総額200億円以上の会社をいい，中小会社は資本金5億円未満かつ負債総額200億円未満の会社をいう。会社法では会社の種類により，作成する計算書類およびその開示規定が異なる。

　会社法ではすべての株式会社に，①貸借対照表，②損益計算書，③株主資本等変動計算書，④個別注記表，⑤事業報告，および⑥附属明細書の作成を義務づけている。会社法では，これらの書類を計算書類等と呼び，①から④までを計算書類と呼んでいる。大会社のうち子会社を有し，かつ金融商品取引法の適用を受けて有価証券報告書を提出している会社は，計算書類等に加え，連結計算書類（連結貸借対照表，連結損益計算書，連結株主資本等変動計算書および連結注記表）の作成が義務づけられている。連結計算書類とは，親会社として子会社や関連会社を経済的に支配している場合に，これらを1つの企業集団とみなして作成される計算書類である。さらに大会社は，計算書類について公認会計士または監査法人による監査が義務づけられている。計算書類等の作成方法については，会社法の他

に会社計算規則という法務省令において具体的に規定されている。

計算書類は，直接開示と間接開示の2通りの方法で開示される。直接開示は，計算書類を株主に直接送付する方法である。これは，定時株主総会の招集通知とともに送付される。定時株主総会は決算日から3カ月以内に開催され，その招集通知は定時株主総会の2週間前までに送付されなければならないので，遅くとも決算日から約2カ月半後には株主に計算書類が開示されることになる。

間接開示は，計算書類を公告によって開示する方法である。会社法では，定時株主総会終了後に貸借対照表またはその要旨を公告しなければならないとしている。大会社においては，これに加えて損益計算書またはその要旨も公告しなければならない。これらの公告を決算公告といい，官報または日刊紙において行われる。また，決算公告は電磁的方法（インターネットでの公告）でも認められている。なお，有価証券報告書提出会社においては，決算公告をしなくてもよいとされている。

3 金融商品取引法会計

❶ 適用対象と目的

金融商品取引法会計は，金融商品取引法の規制に従って行われる会計である。金融商品取引法会計の適用を受けるのは，①上場会社，②店頭登録会社，③一定規模以上（1回の発行価額が1億円以上）の有価証券を発行する会社，および④株主数500名以上の会社である。したがって，実際に金融商品取引法会計の適用を受けるのは，日本全国にある株式会社の中でも一部の大規模な株式会社が対象となる。

金融商品取引法の目的は，国民経済の健全な発展と投資家の保護である。そのため金融商品取引法会計の目的は，投資意思決定に役立つ会計情報を開示することである。すなわち金融商品取引法会計においては，投資家が意思決定を行うにあたって，その判断を誤らせることのない会計情報が要求されるのである。

❷ 財務諸表とその開示

金融商品取引法では，有価証券届出書，有価証券報告書，および四半期報告書の提出とそれらの開示を求めている。これらの報告書は，内閣総理大臣と証券取引所に提出しなければならない。このうち有価証券届出書は有価証券の発行時だけに提出と開示が求められる。

有価証券報告書は，「第1　企業の概要」，「第2　事業の状況」，「第3　設備の状況」，「第4　提出会社の状況」，「第5　経理の状況」，「第6　提出会社の株式事務の概要」，および「第7　提出会社の参考情報」から構成されており，「第5　経理の状況」のところ

で財務諸表が掲載され，会計情報が開示される。掲載が要請される財務諸表は，連結財務諸表と個別財務諸表である。連結財務諸表は，連結貸借対照表，連結損益計算書，連結株主資本等変動計算書，連結キャッシュ・フロー計算書，および連結附属明細表からなる。個別財務諸表は，貸借対照表，損益計算書，株主資本等変動計算書，キャッシュ・フロー計算書，および附属明細表からなる。連結財務諸表および個別財務諸表の作成方法は，「連結財務諸表の用語，様式及び作成方法に関する規則」（連結財務諸表規則）および「財務諸表等の用語，様式及び作成方法に関する規則」（財務諸表等規則）で定められている。また，連結財務諸表および個別財務諸表は，公認会計士または監査法人によって監査されたものでなければならない。

有価証券報告書は，決算日後3カ月以内に提出され，定時株主総会終了後，速やかに開示される。平成13（2001）年6月1日からは，EDINET（Electronic Disclosure for Investers' NETwork）という電子開示システムを通じて有価証券報告書の提出・開示を行うことができるようになり，平成16（2004）年6月1日以降は原則としてEDINETによる有価証券報告書の提出が適用されることになった。そのためインターネットを通じて，いつでも簡単に財務諸表を入手することができるようになった。

4 税務会計

税務会計は，法人税法の規制に従って行われる会計である。法人税は，企業の所得に対して課される税金である。法人税は，所得に一定の税率を乗じて計算される。この税率を乗じる際の対象となる所得を課税所得という。法人税法は課税所得の計算方法を規定した法律であり，税務会計の目的は課税所得の計算にある。そのため税務会計は，財務諸表の作成と報告を目的とするわけではないので，通常，財務会計では扱われない。

課税所得は益金額から損金額を差し引いた金額であるが，これは会社法に基づいて会社が確定した決算を基礎にして計算される。すなわち，損益計算書における当期純利益に益金算入項目と損金不算入項目をプラスし，益金不算入項目と損金算入項目をマイナスして課税所得金額を求めるのである。このように会社法に基づいて確定した決算（当期純利益）の金額を基礎に課税所得を計算することを，確定決算主義という。

5 トライアングル体制

日本の企業会計は，会社法，金融商品取引法，および税法の3つの会計制度の規制を受けている。これらの会計制度に基づいて行われている制度会計は，それぞれに目的が異なるが，互いに絡み合い連動している。

たとえば，法人税法における課税所得は，会社法における当期純利益を基礎にして計算

される。これは会社法会計が税務会計に影響を及ぼしているといえる。これとは反対に，企業は会社法に基づいて会計処理を行う場合，法人税の納付額を少なくしようと，できるだけ課税所得の少なくなるような方法を採用しようとすることがあるかもしれない。この場合は，税務会計が会社法会計に影響を及ぼしているといえる。このように会社法会計と税務会計は，互いに影響を及ぼし合っている。

会社法会計と金融商品取引法会計も互いに影響を及ぼし合っている。金融商品取引法会計が適用される会社は，会社法会計の適用も受ける。そこで両方の制度会計の適用によって異なる財務諸表が作成されることを避けるために，互いに調整を行っている。金融商品取引法会計と税務会計は直接絡み合うことはないが，両者とも会社法会計と密接な関係があり，会社法会計を通じて間接的に影響を及ぼし合っている。

このように日本の制度会計は，それぞれの目的は異なりながらも，互いに絡み合い影響を及ぼし合いながら企業会計を規制している。このような体制をトライアングル体制と呼んでいる。

演習問題

1．会計制度と制度会計の違いについて説明しなさい。
2．会社法会計，金融商品取引法会計および税務会計の内容について簡単に説明しなさい。
3．トライアングル体制について説明しなさい。

第5章　会計公準と会計原則

1　会計理論の構造

　企業で行われる経済活動について会計処理を行い，財務諸表を作成するには，それを支える会計理論が必要である。故・新井清光教授によれば，会計理論は，①上部構造としての会計手続論，②中部構造としての会計原則論，および③下部構造としての会計公準論という3つの層から成り立っているという[1]。これは図表5－1のように示すことができるだろう。

図表5－1　会計理論の構造

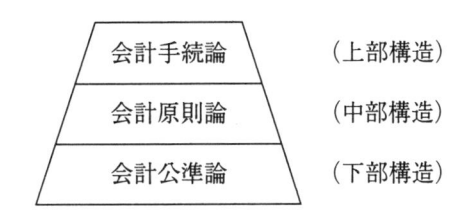

会計手続論	（上部構造）
会計原則論	（中部構造）
会計公準論	（下部構造）

　下部構造をなす会計公準はまさに会計理論の土台となる基礎概念であり，これを前提として会計原則が設定されている。会計原則は会計の基本的な行動規範であり，これに基づいて具体的な会計手続が行われるというしくみである。
　本章では，会計理論の下部構造と中部構造をなす会計公準と会計原則について述べていく。

2　会計公準

　会計公準とは，会計が成立するための基礎的前提であり，誰もが当然のこととして容認しているものをいう。会計公準は，これがなくては会計そのものが成立しないから，会計

1）新井清光『現代会計学　第3版』中央経済社，1991年，27ページ。

理論を構築するための土台部分となるのである。会計公準には，企業実体の公準，継続企業の公準および貨幣的評価の公準がある。

❶ 企業実体の公準

企業実体の公準は，企業それ自体を1つの計算単位として会計を行うという公準である。これは，企業は所有主とは区別された存在とみなし，資本と家計は分離されなければならないとするものである。すなわち，企業と所有主の財産を区別することで，企業それ自体の会計を行うものとするものである。

❷ 継続企業の公準

継続企業の公準は，将来にわたって企業は永続的に存続すると仮定して会計を行うという公準である。これは，企業は倒産しないという仮定を意味するものであり，企業活動に終わりがないことを意味する。ところで，企業が経済活動の結果として得た利益を計算するには，何らかの区切りが必要である。そこで企業が永続的に存続すると仮定する場合には，1カ月，半年，1年といったような損益計算を行うための人為的な区切りが必要になる。この人為的に区切られた期間のことを会計期間という。会計期間のはじめを期首，終わりを期末といい，期末に決算が行われ，当該会計期間中に獲得した利益を計算するのである。継続企業の公準は，会計期間の設定を前提とした公準であり，会計期間の公準ともいう。

❸ 貨幣的評価の公準

貨幣的評価の公準は，会計計算は物量数字ではなく，貨幣額によって行うという公準である。貨幣額による評価は，いかなる財産の測定にも使用可能であることと，貨幣という統一した尺度で会計計算を行うことによって比較可能性が生じるという長所がある。その反面，物価の上昇や下落によって貨幣価値が変動した場合に，正確に測定できないという限界がある。すなわち，貨幣価値の変動に対応できないのである。

3 会計原則

❶ 会計原則の意義

会計原則は，企業会計の実務の中に慣習として発達したものの中から，一般に公正妥当と認められたところを要約して文書化したものをいう。そのため精密な理論構成に欠けるところはあるものの，実務の積み上げによって形成されたものなので，企業が会計を行うにあたって守るべき規則とされている。会計原則は法律ではないものの，すべての企業が

会計原則に従って財務諸表を作成しなければならないという強制力をもつものである。また，財務諸表の監査も，会計原則に従って作成されているか否かという基準で行わなければならないとされている。

なお，わが国の会計原則を文書化したものは，昭和24（1949）年に制定された「企業会計原則」である。

❷ 企業会計原則

企業会計原則は，昭和24年7月9日に経済安定本部企業会計制度対策調査会の中間報告として公表された。その後，数次にわたって修正が行われ，昭和57（1982）年4月20日の最終改正をもって現在に至っている。企業会計原則は，一般原則，損益計算書原則および貸借対照表原則の3つから構成されている。これに企業会計原則注解が加わって，企業会計原則が完結する。次節において，企業会計原則の一般原則のみを説明する。

4 一般原則

一般原則は，会計処理や財務諸表作成の全般にわたる原則である。一般原則は，真実性の原則，正規の簿記の原則，資本取引・損益取引区分の原則，明瞭性の原則，継続性の原則，保守主義の原則，および単一性の原則の7つからなる。

❶ 真実性の原則

真実性の原則は，「企業会計は，企業の財政状態及び経営成績に関して，真実な報告を提供するものでなければならない。」（企業会計原則・一般原則一）とするものである。

真実性の原則は，真実な会計処理によって作成された，真実な財務諸表を報告しなければならないという原則である。

ところで，真実性の原則における「真実」は，絶対的な真実ではなく，相対的な真実を意味する。また，それは客観的な真実ではなく，主観的な真実を意味する。企業会計では，ある経済事象の会計処理をする場合に，複数の処理方法の中から1つの処理方法を選択適用することができる。与えられた処理方法がいずれも会計原則において認められた処理方法であるならば，どの処理方法を選択したとしても，そこで算出される金額は真実の金額となる。処理方法が異なれば算出される金額も異なるので，処理方法の数だけ真実が存在することになる。

たとえば，商品の払出単価の計算方法には，先入先出法，後入先出法，総平均法および移動平均法などの複数の計算方法がある。これらはいずれも会計原則で認められている計算方法である。しかし，どの計算方法を選択したのかによって商品の払出単価は異なり，それによって売上原価や売上総利益も異なってくる。しかし，そこで算出される金額は，

いずれも会計原則で認められている計算方法によって算出されたものだから，真実の金額となる。

このように会計における真実というのは1つしかないわけではなく，それらは複数の会計処理方法の中から1つを選択した結果として導き出されるものである。さらにその選択は，その企業の会計方針，すなわち主観に基づいて行われるため，客観的な判断によって行われるわけではない。したがって，会計における真実とは，相対的かつ主観的な真実を意味するのである。

ところで，真実性の原則は，企業会計原則の頂点に位置する最高規範としての性格をもっている。すなわち，ほかの6つの一般原則と損益計算書原則および貸借対照表原則を守って作成された財務諸表は，真実なものであるとみなされるのである。

❷ 正規の簿記の原則

正規の簿記の原則は，「企業会計は，すべての取引につき，正規の簿記の原則に従って，正確な会計帳簿を作成しなければならない。」（企業会計原則・一般原則二）とするものである。

正規の簿記の原則は，取引を記録するための会計帳簿の作成に関わる原則である。この原則では，正規の簿記の原則に従って会計帳簿を作成しなければならないとしている。この場合の正規の簿記とは，組織的な記録を可能にする簿記とされており，具体的にどの簿記がそれに相当するのかを明記しているわけではない。しかし，今日において組織的な記録が可能な簿記は複式簿記しかないので，正規の簿記とは複式簿記を指すと解釈するのが一般的である。それゆえ，取引は複式簿記に従って記録され，それに基づいて財務諸表が作成されるので，複式簿記は会計とは切っても切れない関係にあり，会計の基本を成すものだとされるのである。

❸ 資本取引・損益取引区分の原則

資本取引・損益取引区分の原則は，「資本取引と損益取引とを明瞭に区別し，特に資本剰余金と利益剰余金とを混同してはならない。」（企業会計原則・一般原則三）とするものである。

資本取引・損益取引区分の原則は，資本と利益の区別を明瞭にすることを要求した原則である。資本とは，企業が経営活動を行うための元手となるものであり，資本取引から生じる。利益とは，企業が経営活動の結果として獲得したものであり，損益取引から生じる。このように資本と利益は異なるものであるため，これを区別しなければならないのである。さらに，資本を利益として配当したり，利益を不当に隠蔽したりすることを防ぐという理由もある。したがって，資本から積み立てられる資本剰余金と，利益から積み立てられる利益剰余金も明瞭に区別して，これらを混同してはいけないのである。

❹ 明瞭性の原則

　明瞭性の原則は,「企業会計は,財務諸表によって,利害関係者に対し必要な会計事実を明瞭に表示し,企業の状況に関する判断を誤らせないようにしなければならない。」（企業会計原則・一般原則四）とするものである。

　明瞭性の原則は,財務諸表の報告と表示に関する原則である。財務諸表を利害関係者に報告するにあたって明瞭に表示し,利害関係者に誤解を与えないようにしなければならないとする原則である。具体的には,財務諸表の作成にあたって採用した会計方針を明示すること,および重要な後発事象を注記することによって,明瞭な表示がなされているものとする。前者については,1つの経済事象に対して会計処理方法が複数ある場合,どの方法を選択適用するのかによって算出される金額が異なってしまうため,採用した方法（会計方針）を明示しなければならないのである。後者については,決算日から財務諸表が公表されるまでの間に,災害などによる多大な損失や会社の合併などのような重大事が生じた場合,それらは企業経営に大きな影響をもたらす事象であるにもかかわらず財務諸表本体に反映されないので,注記という形で報告しなければならないのである。

❺ 継続性の原則

　継続性の原則は,「企業会計は,その処理の原則及び手続を毎期継続して適用し,みだりにこれを変更してはならない。」（企業会計原則・一般原則五）とするものである。

　継続性の原則は,一度採用した会計処理方法は継続して適用することを要求した原則である。その目的は,期間比較可能性を保証することと,利益操作を排除することにある。前者については,同一内容の経済事象であっても毎期異なる処理方法を採用していると期間比較ができなくなるからである。後者については,処理方法の変更をその都度認めることは,経営者にとって都合のよい処理方法が選択できることになり,結果として利益操作の手段となってしまうからである。

❻ 保守主義の原則

　保守主義の原則は,「企業の財政に不利な影響を及ぼす可能性がある場合には,これに備えて適当に健全な会計処理をしなければならない。」（企業会計原則・一般原則六）とするものである。

　保守主義の原則は安全性の原則ともいい,企業に不利益が生じる可能性がある場合には,健全な会計処理をすることによって,これを防ぐことを要求する原則である。健全な会計処理とは,会計処理方法を選択する際,できるだけ安全な方法を採用し,利益の計上をできるだけ少なくすることをいう。これは「予想の利益は計上しない,予想の損失は漏らさない」というイギリスの格言に基づいた会計処理方法である。保守主義の原則の具体的な適用例には,決算日における貸倒引当金の設定がある。貸倒引当金は,貸倒れという将来

に予想される損失に対して設定されるものであり、その分だけ利益の計上額が減少する。

保守主義の原則による健全な会計処理は、それが適当に行われれば問題はない。しかし、この原則を拡大適用し、過度に健全な会計処理が行われるようになると、現実と乖離してしまい、真実性の原則に違反することになりかねない。

❼ 単一性の原則

単一性の原則は、「株主総会提出のため、信用目的のため、租税目的のため等種々の目的のために異なる形式の財務諸表を作成する必要がある場合、それらの内容は、信頼しうる会計記録に基づいて作成されたものであって、政策の考慮のために事実の真実な表示をゆがめてはならない。」（企業会計原則・一般原則七）とするものである。

単一性の原則は、財務諸表の内容が単一であれば、目的に応じて形式の異なる財務諸表を作成してもよいとする原則である。すなわち、単一性の原則における「単一性」とは、内容の単一性を指しているのである。

財務諸表は提出目的によって提出先が異なる。たとえば、株主総会へ提出するためであれば、提出先は株主となる。信用目的の場合には資金の借入を目的とするのであるから、提出先は銀行などの債権者となる。租税目的の場合には、税金の納付先である政府や地方公共団体が提出先となる。このように財務諸表の提出目的が異なれば提出先、つまり利用者も異なるので、目的や利用者に合わせた財務諸表を作成する必要がある。その場合、形式や書式は異なってもよいが、中身は同一であることを要求しているのが単一性の原則なのである。

演習問題

1. 会計公準について説明しなさい。
2. 真実性の原則の意義について説明しなさい。

第6章　損益計算書

1　損益計算書の意義

　損益計算書は，一定期間における企業の経営成績を明らかにするため，当該期間に発生したすべての収益と費用を記載し，当期純利益を明らかにした計算書である。損益計算書は，企業の経済活動のフロー面を明らかにすることで，企業の経済活動の結果としての当期純利益と，それの発生原因を明らかにする。

2　収益と費用の分類

　収益とは，企業が産出した経済的価値のことをいい，経営活動によって得られた成果である。費用とは，企業が費消した経済的価値のことをいい，経営活動において収益を獲得するために要した努力を意味する。すなわち，収益は企業の純資産を増加させる要因となるもの，費用は企業の純資産を減少させる要因となるものである。
　収益と費用は，その発生源泉に従って図表6－1のように分類される。

図表6－1　収益と費用の分類

- 収益の分類

経営活動 ┬ 経常的な活動 ┬ 営業活動‥‥営業収益（＝売上高）
　　　　 │   └ 営業外の活動‥‥営業外収益
　　　　 └ 非経常的な活動‥‥特別利益

- 費用の分類

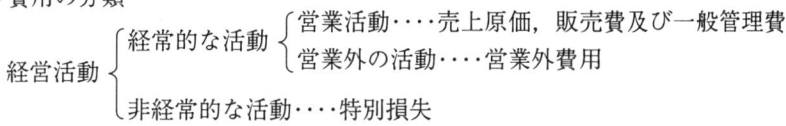

経営活動 ┬ 経常的な活動 ┬ 営業活動‥‥売上原価，販売費及び一般管理費
　　　　 │   └ 営業外の活動‥‥営業外費用
　　　　 └ 非経常的な活動‥‥特別損失

　企業の経済活動は，経常的な活動と非経常的な活動に分類される。経常的な活動とは，毎期継続的に行われる活動である。非経常的な活動とは，当該会計期間においてのみ偶発

的・臨時的に行われる活動である。非経常的な活動から発生する収益が特別利益，費用が特別損失である。

　企業の経常的な活動は，営業活動と営業外の活動に分類できる。営業活動とは，その企業の本来の業務にかかわる活動である。営業活動から発生する収益が営業収益，すなわち売上高である。なぜならば，企業の本来の業務は，商品やサービスを販売することだからである。営業活動から発生する費用には売上原価と販売費及び一般管理費がある。いずれも企業の本来の業務によって発生する費用であり，企業経営を行うにあたって必要不可欠な費用である。営業外の活動は，企業の本来の業務以外で毎期継続的に行われる活動のことあり，主として資金の運用や調達にかかわる財務活動がこれに相当する。営業外の活動から発生した収益が営業外収益，費用が営業外費用である。

3 損益計算書の形式と表示

❶ 損益計算書の形式

　損益計算書の形式には報告式と勘定式がある。報告式損益計算書は，損益計算書の区分ごとに収益と費用の科目と金額を記載して，その差額として利益を表示していく形式のものである。勘定式損益計算書は，簿記の勘定のように，借方に費用の科目と金額，貸方に収益の科目と金額を記載して，収益と費用の差額として借方に当期純利益を表示する形式のものである。

　報告式損益計算書の例として，図表6－2でパナソニック株式会社の損益計算書を示しておく。

❷ 損益計算書の表示

　企業会計原則の損益計算書原則において，損益計算書の表示方法を定めたものとして（1）総額主義の原則と（2）費用収益対応の原則がある。

（1）総額主義の原則

　総額主義の原則は，「費用及び収益は，総額によって記載することを原則とし，費用の項目と収益の項目とを直接に相殺することによってその全部又は一部を損益計算書から除去してはならない。」（企業会計原則・損益計算書原則一B）というものである。

　総額主義の原則は，当該会計期間中に発生した費用と収益はもれなく記載しなければならないとする原則である。たとえば，支払利息10,000円と受取利息12,000円が発生している場合，これを相殺して受取利息2,000円として損益計算書に記載してはならないということである。

図表 6 － 2　報告式損益計算書の例（パナソニック株式会社の損益計算書）

損益計算書

(平成20年4月1日から)
(平成21年3月31日まで)

		百万円
売　　　上　　　高		4,249,233
売　　上　　原　　価		3,453,765
売　上　総　利　益		795,468
販売費及び一般管理費		853,191
営　　業　　損　　失		57,723
営　業　外　収　益		252,890
（受取利息及び配当金）	(199,037)	
（そ　　　の　　　他）	(53,853)	
営　業　外　費　用		78,041
（支　　払　　利　　息）	(6,295)	
（そ　　　の　　　他）	(71,746)	
経　　常　　利　　益		117,126
特　　別　　利　　益		127,228
（投資有価証券売却益）	(1,125)	
（関係会社株式売却益）	(6,923)	
（固　定　資　産　売　却　益）	(714)	
（抱合せ株式消滅差益）	(118,466)	
特　　別　　損　　失		222,819
（投資有価証券評価損）	(38,519)	
（関係会社株式評価損）	(66,983)	
（減　　損　　損　　失）	(11,602)	
（事業構造改革特別損失）	(7,010)	
（関係会社債務超過引当損）	(78,236)	
（社名変更・ブランド統一費用）	(15,154)	
（土地売却益修正損）	(5,315)	
税　引　前　当　期　純　利　益		21,535
法人税，住民税及び事業税		11,165
法　人　税　等　調　整　額		66,682
当　　期　　純　　損　　失		56,312

出所：パナソニック株式会社ホームページ。

（2）費用収益対応の原則

費用収益対応の原則は，「費用及び収益は，その発生源泉に従って明瞭に分類し，各収益項目とそれに関連する費用項目とを損益計算書に対応表示しなければならない。」（企業会計原則・損益計算書原則一C）というものである。

経営活動によって収益を得るためには，それに対して必ず費用が費やされている。努力

なくして成果は得られないのである。そこで損益計算書において，当該収益を得るために費やされた費用を対応させて表示することを要求したのが，費用収益対応の原則である。ここで注意しなければならないのは，原則の名称とは反対に，収益に費用が対応されることである。費用収益の対応は，営業収益に営業費用，営業外収益に営業外費用，特別利益に特別損失の対応でなされる。

4 損益計算書の計算構造

損益計算書では，①営業損益計算，②経常損益計算，および③純損益計算の区分を設けて，段階的に損益計算が行われる。損益計算書の計算構造は，図表6－3のようになる。

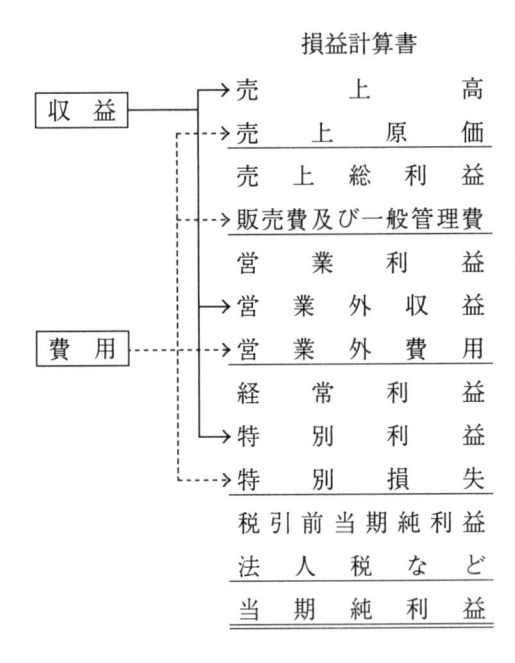

図表6－3　損益計算書の計算構造

損益計算書

収益	→	売　　　上　　　高
	→	売　　上　　原　　価
		売　上　総　利　益
	→	販売費及び一般管理費
		営　　業　　利　　益
	→	営　　業　　外　　収　　益
費用	→	営　　業　　外　　費　　用
		経　　常　　利　　益
	→	特　　別　　利　　益
	→	特　　別　　損　　失
		税引前当期純利益
		法　人　税　な　ど
		当　期　純　利　益

❶ 営業損益計算の区分

営業損益計算の区分では，営業収益から営業費用をマイナスして営業利益を計算する。具体的には，売上高から売上原価をマイナスして売上総利益を算出したうえで，売上総利益から販売費及び一般管理費をマイナスして営業利益を明らかにする。

売上高は商品やサービスを販売したことによって発生した収益であり，売上原価は販売した商品やサービスの原価である。売上原価は，期首商品棚卸高と当期商品仕入高の合計から期末商品棚卸高をマイナスして求める。売上総利益は，商品やサービスを販売したことによって獲得した利益を意味する。

販売費及び一般管理費は，商品やサービスを販売するための費用や企業の一般管理に要する費用であり，企業経営を行うにあたって不可欠な費用である。販売費及び一般管理費の具体例には，給料，通信費，広告宣伝費，旅費交通費，水道光熱費，消耗品費，雑費，保険料，租税公課，減価償却費，貸倒引当金繰入，退職給付費用などがある。営業利益は，企業の本来の活動である本業によって獲得された利益を意味する。

❷ 経常損益計算の区分

経常損益計算の区分では，営業利益に営業外収益をプラスし営業外費用をマイナスして経常利益を計算する。営業外収益は，企業の営業外の活動から発生した収益であり，主として資金の運用にかかわる財務活動による収益からなる。営業外収益の具体例には，受取利息，有価証券利息，受取配当金，有価証券評価益，有価証券売却益，為替差益，仕入割引などがある。営業外費用は，企業の営業外の活動から発生した費用であり，主として資金の調達にかかわる財務活動による費用からなる。営業外費用の具体例には，支払利息，社債利息，有価証券評価損，有価証券売却損，為替差損，売上割引，手形売却損，社債発行費償却などがある。

経常利益は，企業の経常的な活動によって獲得した利益で，企業の経常的な収益力を表す。経常利益までを示した損益計算書を当期業績主義損益計算書という。これは，経常利益が当期の経常的な活動によって発生した収益と費用の差額であり，純粋に企業の当期の業績を表した利益だからである。

❸ 純損益計算の区分

純損益計算の区分では，経常利益に特別利益をプラスし特別損益をマイナスして税引前当期純利益を計算する。特別利益と特別損失は，企業の非経常的な活動により発生した収益と費用である。その内容には，臨時的に発生した収益・費用項目と前期損益修正項目がある。特別利益の具体例には，償却債権取立益，固定資産売却益，貸倒引当金戻入などがあり，特別損失の具体例には，固定資産売却損，火災損失などがある。

税引前当期純利益は，法人税等の課税前における当期に獲得した利益を意味する。税引前当期純利益までを示した損益計算書を包括主義損益計算書という。税引前当期純利益は，当期の経済活動によって発生した収益と費用だけでなく，前期損益修正項目のように過年度の損益項目をも含んで計算された利益である。すなわち，税引前当期純利益は純粋に税引前の当期の企業業績を表しているものではなく，あらゆる収益や費用を包括して計算された当期の利益を表しているのである。

税引前当期純利益から法人税等をマイナスして当期純利益を算出する。これが当期に獲得された分配可能な利益となる。

5 収益と費用の認識と測定

　損益計算書を作成するにあたって，収益と費用の認識と測定という問題がある。収益と費用の認識の問題は，これらをいつ計上するか，という会計帳簿への記載時点の問題である。収益と費用の測定の問題は，これらをいくらで計上するか，という金額決定の問題である。

❶ 収益と費用の認識

　収益と費用の認識には，現金主義会計と発生主義会計による方法がある。

　現金主義会計は，現金収入があったときに収益を認識し，現金支出があったときに費用を認識する方法である。この方法では，収益と費用の認識は，必ず現金収支の裏付けをもつことになるので，減価償却費などのような現金支出を伴わない費用を認識することはできない。また，商品を販売したり仕入れたりしていても，その会計期間中に現金収支がないと当期の収益や費用として認識できないので，適正な期間損益計算ができなくなる。そのため現在は，現金主義会計で収益と費用の認識を行っていない。

　発生主義会計は，収益や費用が発生したという事実に基づいて認識する方法である。この方法では，現金収支がなくても「発生」という事実があれば，収益と費用を認識する。費用は消費した時点をもって費用の発生として認識することができるので，消費基準で認識する。ところが，収益の多くは，それの発生時点を明確に認識することができない。そこで収益については，それが実現した時点，すなわち実現基準で認識することになる。

　現在の会計においては，収益と費用は発生主義会計で認識されており，費用については消費基準，収益については実現基準で認識される。

❷ 収益と費用の測定

　収益と費用の測定は，それの収入額と支出額に基づいて測定される。すなわち，収益は現在および将来の収入額をもって測定され，費用は過去および現在の支出額をもって測定される。

演習問題

1. 損益計算書で計算される各種利益（売上総利益，営業利益，経常利益，税引前当期純利益，当期純利益）の特徴を説明しなさい。
2. 当期業績主義損益計算書と包括主義損益計算書の違いについて説明しなさい。
3. 収益と費用は，原則としてどのようにして認識されるのかを説明しなさい。

第7章　貸借対照表

1　貸借対照表の意義

　貸借対照表は，一定時点における企業の財政状態を明らかにするために，当該時点におけるすべての資産，負債および純資産（資本）を記載した計算書である。純資産は，資産から負債を差し引いたものである。これは負債と純資産の合計が資産であることを意味し，貸借対照表の構造は図表7－1のようになる。

図表7－1　貸借対照表の構造

```
                              貸借対照表
資産に投資され，運用され  ┌─────┬─────┐
（在庫→売掛金→現金→   │     │  負 債  │⇐他人資本（返済義務あり）
在庫）という循環をする。 │ 資 産 ├─────┤
                ⇨    │     │純資産（資本）│⇐自己資本（返済義務なし）
                     └─────┴─────┘
              資　産　＝　負　債　＋　純資産（資本）
              資金の運用形態　　資金の調達源泉
```

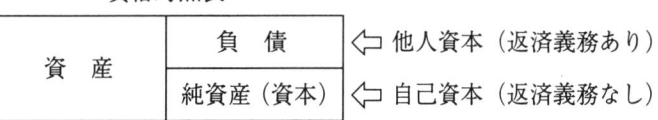

　貸借対照表は，企業の経済活動のストック面を明らかにすることで，企業の資金の調達源泉と運用形態を明らかにしている。純資産と負債は資金の調達源泉を明らかにしており，株主から調達された資金であれば資本金として純資産に計上され，債権者から調達された資金であれば負債に計上される。純資産と負債は，いずれも企業経営のために使われる資金なので，両方あわせて資本と呼ぶこともある。その場合には，純資産を自己資本，負債を他人資本と呼んで区別する。資産は，調達された資金の運用形態を明らかにしている。つまり，調達した資金がどのような状態にあるのか，何に投下されているのかを，現金や建物といった資産の項目において具体的に明らかにしているのである。

2 貸借対照表の形式と表示

❶ 貸借対照表の形式

　貸借対照表の形式も損益計算書と同様に，報告式と勘定式がある。報告式貸借対照表は，資産，負債，純資産の順に，科目と金額を記載していく形式のものである。勘定式貸借対照表は，図表7－1のように，借方に資産の科目と金額，貸方に負債と純資産の科目と金額を記載する形式のものである。

　勘定式貸借対照表の例として，図表7－2でパナソニック株式会社の貸借対照表を示しておく。

❷ 貸借対照表の表示

　企業会計原則の貸借対照表原則において，貸借対照表の表示方法を定めたものとして，（1）総額主義の原則，（2）貸借対照表の区分，および（3）項目の配列方法がある。

（1）総額主義の原則

　総額主義の原則は，「資産，負債及び資本は，総額によって記載することを原則とし，資産の項目と負債又は資本の項目とを相殺することによって，その全部又は一部を貸借対照表から除去してはならない。」（企業会計原則・貸借対照表原則一B）というものである。

　総額主義の原則は，当該会計期間中に発生した資産，負債および資本はもれなく記載しなければならないとする原則である。たとえば，貸付金50,000円と借入金40,000円がある場合，これを相殺して貸付金10,000円として貸借対照表に記載してはならないということである。

（2）貸借対照表の区分

　貸借対照表の区分については，「貸借対照表は，資産の部，負債の部及び資本の部の三区分に分ち，さらに資産の部を流動資産，固定資産及び繰延資産に，負債の部を流動負債及び固定負債に区分しなければならない。」（企業会計原則・貸借対照表原則二）としている。

　資産と負債については，これらを区分して記載しなければならないが，その際に問題となるのは，流動資産と固定資産，流動負債と固定負債をどのように区分するかである。流動項目と固定項目を区分する基準には，1年基準（ワン・イヤー・ルール）と正常営業循環基準の2つがある。1年基準とは，貸借対照表作成日から1年以内に現金化される資産と負債を流動資産と流動負債とし，貸借対照表作成日から1年を超えて保有する資産と負

図表7-2 勘定式貸借対照表の例（パナソニック株式会社の貸借対照表）

貸借対照表
（平成21年3月31日現在）

資産の部	百万円	負債の部	百万円
流動資産	1,769,582	流動負債	1,638,978
現金預金	3,670	支払手形	948
受取手形	459	買掛金	320,940
売掛金	379,434	リース債務	9,549
製商品・半製品	111,569	未払金	28,463
仕掛品	60,043	未払費用	424,858
原材料・貯蔵品	41,792	賞与引当金	44,265
未収入金	96,595	未払法人税等	912
預け金	499,343	前受金	2,088
短期貸付金	445,066	預り金	709,157
繰延税金資産	117,712	得意先預り金	2,322
その他	15,392	製品保証等引当金	21,095
貸倒引当金	△ 1,493	販売促進引当金	20,274
固定資産	2,672,708	その他	54,107
有形固定資産	(408,211)	固定負債	669,772
建物	142,764	社債	500,000
構築物	5,504	リース債務	12,653
機械装置	91,384	退職給付引当金	6,255
車両運搬具	160	長期預り金	150,864
工具器具備品	16,809	負債合計	2,308,750
土地	91,276	純資産の部	
リース資産	16,956	株主資本	2,180,091
建設仮勘定	43,358	資本金	258,740
無形固定資産	(49,170)	資本剰余金	569,981
特許権	18,705	資本準備金	568,212
ソフトウェア	26,327	その他資本剰余金	1,769
施設利用権等	4,138	利益剰余金	2,022,552
投資その他の資産	(2,215,327)	利益準備金	52,749
投資有価証券	297,137	その他利益剰余金	1,969,803
関係会社株式	1,275,701	圧縮記帳積立金	18,464
出資金	36	配当準備積立金	81,000
関係会社出資金	408,683	別途積立金	1,918,680
投資損失引当金	△ 76,516	繰越利益剰余金	△ 48,341
長期預け金	5,463	自己株式	△ 671,182
繰延税金資産	207,981	評価・換算差額等	△ 46,551
その他	96,842	その他有価証券評価差額金	△ 15,913
		繰延ヘッジ損益	△ 30,638
		純資産合計	2,133,540
資産合計	4,442,290	負債・純資産合計	4,442,290

出所：パナソニック株式会社ホームページ。

債を固定資産と固定負債とする基準である。正常営業循環基準は，当該企業の正常営業循環内にある資産と負債を流動資産と流動負債とし，正常営業循環外にある資産と負債を固定資産と固定負債とする基準である。正常営業循環とは，正常な一連の営業活動サイクルのことをいう。たとえば，商業を営んでいる企業であれば，商品の仕入，商品の販売，販売代金の回収という一連のサイクルが営業循環となる。製造業を営んでいる企業であれば，材料の仕入，製品の製造，製品の販売，販売代金の回収という一連のサイクルが営業循環となる。

（3）項目の配列方法

項目の配列方法については，「資産及び負債の項目の配列は，原則として，流動性配列法によるものとする。」（企業会計原則・貸借対照表原則三）としている。

流動性配列法とは，流動性の高い項目から配列する方法である。したがって，資産については流動資産，固定資産，繰延資産の順に，負債については流動負債，固定負債の順で配列する。

3 貸借対照表の内容

貸借対照表は，資産，負債および純資産から構成されている。

❶ 資　産

（1）資産の本質

資産とは，経営活動において経営資金が投下された状態にあるものをいう。企業は利益の獲得を目的として経営活動を行うのであるから，資産は利益を獲得するために投下されたものとなる。したがって，資産は，企業にとって利益，すなわち経済的効用をもたらすために保有されているものをいう。具体的には，金銭価値をもつもの，企業が所有している財産，企業にとって将来の収益獲得に役立つものが資産となる。

（2）資産の種類

① 流動資産

流動資産は，短期間に現金化される資産である。流動資産は，さらに当座資産，棚卸資産およびその他の流動資産に分類することができる。当座資産は，現金および短期間に現金化される資産であり，現金，当座預金，売掛金，受取手形などがこれに該当する。棚卸資産は，販売を目的として保有する資産であり，商品，製品，半製品，原材料などがこれに該当する。その他の流動資産は，当座資産と棚卸資産以外の流動資産であり，前払費用，未収収益などがある。

② 固定資産

　固定資産は，長期にわたって企業が保有する資産である。固定資産は，さらに有形固定資産，無形固定資産および投資その他の資産に分類することができる。有形固定資産は，具体的な形態を有する固定資産であり，建物，備品，車両運搬具，機械装置，建物などがこれに該当する。無形固定資産は，具体的な形態がない固定資産であり，特許権，商標権，のれんなど法律上ならびに経済上の権利がこれに該当する。投資その他の資産は，他企業を支配する目的で所有する資産（投資）と有形固定資産と無形固定資産のいずれにも該当しない資産である。投資には満期保有目的債券，子会社株式，関連会社株式などが，その他の固定資産には長期貸付金，長期前払費用などがある。

③ 繰延資産

　繰延資産は，本来費用として処理されるものであるが，支出の効果が長期にわたるため資産として処理されるものをいう。繰延資産には，創立費，開業費，社債発行費，株式交付費，開発費がある。

(3) 資産の評価

　資産の評価とは，貸借対照表に記載する資産の金額を決定することをいう。資産の評価基準には，取得原価基準，時価基準および低価基準がある。

　取得原価基準は，資産を取得したときに支出した金額に基づいて資産を評価する基準である。資産取得のために支出した金額は，通常，送り状や契約書といった書類に記載されているので，取得原価基準ではそれに基づいて客観的に資産評価をすることができ，かつそれを検証することが可能であるという長所がある。一方で，資産の価格が取得時よりも大きく変動した場合，実勢価格を反映しない金額が貸借対照表に記載されてしまうという短所がある。

　時価基準は，決算日の時価に基づいて資産を評価する基準である。したがって，資産の時価が帳簿価額を上回っていれば評価益が，時価が帳簿価額を下回っていれば評価損が計上される。時価基準で資産評価を行えば，資産は実勢価格を反映した金額で貸借対照表に記載されるので，取得原価基準の短所が解決できる。また，会計情報としての有用性が高いという長所もある。一方で時価といっても，正味実現可能価額，再調達原価，割引キャッシュ・フローなどの種類があり，どれを採用するかによって金額が異なるため，恣意性が入りやすく，信頼性に乏しいという短所がある。また，時価が取得原価よりも上回っている場合には，評価益という未実現利益が計上されてしまうという短所もある。

　低価基準は，取得原価と時価を比較して，いずれか低いほうの金額で資産を評価する基準である。低価基準によれば，評価損という未実現損失が計上されることはあっても，未実現利益が計上されることはない。

　資産の評価は，一部の資産を除き，原則として取得原価基準で行わなくてはならない。

❷ 負　債

(1) 負債の本質

　負債とは，企業の支払義務をいう。これには法律上の支払義務（債務）だけではなく，経済上の支払義務も含まれる。たとえば，借入金は法律上の支払義務であるが，修繕引当金は経済上の支払義務である。修繕引当金は，予定していた修繕が当期に行われず，次期以降に繰り延べられた場合に計上される引当金である。すなわち，修繕引当金は，将来の支出予定額である。したがって，企業が将来において支払を負担しなければならないものすべてが負債となるのである。

(2) 負債の種類と評価

　負債は，流動負債と固定負債に区分される。流動負債は，短期間に支払期限が到来する負債をいい，買掛金，支払手形，短期借入金，修繕引当金などがこれに該当する。固定負債は，長期間にわたって支払義務を有する負債をいい，社債，長期借入金，退職給付引当金などがこれに該当する。

　負債の評価は，一般的に将来の要支払額によって行う。

❸ 純資産

　純資産は，株主資本と評価・換算差額等に分類される。株主資本は，純資産のうち株主に帰属するもので，資本金，資本剰余金，利益剰余金および自己株式に分類される。

　資本金は，株式の発行価額のうち資本金に組み入れた金額をいう。会社法においては，株式の発行価額のうち2分の1以上を資本金に組み入れればよいとしており，株式の発行価額を全額資本金とする必要はない。したがって，貸借対照表における資本金は法定資本を意味する。

　資本剰余金は，資本を源泉とする剰余金である。資本剰余金は，資本準備金とその他資本剰余金に大別される。資本準備金は株主の払込金を源泉とし，株式払込剰余金，合併差益などがある。その他資本剰余金は，資本剰余金のうち資本準備金に該当しない金額をいう。

　利益剰余金は，利益を源泉とする剰余金である。利益剰余金は，利益準備金とその他利益剰余金に大別される。利益準備金は，利益の中から積立を強制された準備金である。会社法では，株主への配当金の支払いを決定した時は，利益準備金と資本準備金の合計が資本金の4分の1になるまで，配当金支出額の10分の1を積み立てなければならないと規定している。その他利益剰余金は，任意積立金と繰越利益剰余金に分類される。任意積立金は，企業が自発的に積み立てる積立金である。任意積立金には特定の目的のために積み立てられる積立金と，特定の目的を持たないで積み立てられる別途積立金がある。前者の任意積立金には，新築積立金や配当平均積立金などがある。繰越利益剰余金は，その他利

益剰余金のうち任意積立金に該当しない金額である。

自己株式は，自社が発行した株式を自らが取得して保有しているものである。したがって，自己株式は株主資本の減少項目として表示される。

評価・換算差額等は，資産や負債の評価や換算によって生じた差額であり，損益計算書に計上されないものである。これには，その他有価証券評価差額金や繰延ヘッジ損益などがある。

演習問題

1．貸借対照表の借方と貸方は，何を明らかにしているのか説明しなさい。
2．流動項目と固定項目を区分する基準について説明しなさい。
3．資産の本質について説明しなさい。
4．資産の評価基準について説明しなさい。
5．負債の本質について説明しなさい。
6．資本剰余金と利益剰余金の違いについて説明しなさい。
7．正常営業循環基準と一年基準について説明しなさい。

第Ⅱ部

企業経営と会計の応用

第1章　税金の概要

1　税金の意味

　国や地方公共団体の行う公共施設や行政サービスは，私たち国民生活の基盤となる諸条件を整えるものであり，治安の維持，教育，災害防止，生活環境の整備などがあり，私たちの安全で豊かな生活を維持し，確保するためには必要不可欠なものである。

　わが国の憲法第30条は「国民は，法律の定めるところにより，納税の義務を負う」と国民の納税義務の存在を明らかにし，納税の根拠は，「法律」の定めるところによることを宣言している。また，憲法第84条は，「あらたに租税を課し，又は現行の租税を変更するには，法律又は法律の定める条件によることを必要とする」と規定している。これは，租税法律主義の原則であり，国民に対する納税義務を明示すると共に，国または地方公共団体の課税権に制限を加えたものである。

　税金は，国民の義務として国や地方公共団体に納める金銭などであり，国や地方公共団体の活動費用の分担金である。こうした国や地方公共団体の収入を歳入，支出を歳出といい，歳入の大部分は税金からなっている。

2　税金の種類

　わが国の税金には，多くの種類（40種類以上）があり，下記において，直接税・間接税，国税・地方税，普通税・目的税および収得税・財産税・消費税・流通税に区分して説明する。

❶ 直接税・間接税

　直接税とは，納税義務者と担税者（税を負担する者）が実質的に同一である税金をいう。具体的には，所得税・法人税・相続税・贈与税・住民税などがある。また，納税義務者と最終的に担税者が異なる税金を間接税という。間接税は，納めた人の負担した税金が物やサービスの価格に含まれ，最終的には消費者が負担するものである。具体的には，消費税・酒税・地方消費税などがある。租税収入に占める割合（直接税・間接税）を直間比率

という。

❷ 国税・地方税

国税とは，課税権が国にある税金である。具体的には，所得税・法人税・相続税・贈与税・消費税・酒税・たばこ税・自動車重量税・関税・印紙税・登録免許税などがある。地方公共団体が課する税金は地方税である。地方税には，道府県が課する道府県税と市町村が課する市町村税とがある。道府県税には，道府県民税・事業税・自動車税・地方消費税・不動産取得税・道府県たばこ税・ゴルフ場利用税・自動車取得税などがある。市町村税には，市町村民税・固定資産税・事業所税・軽自動車税・市町村たばこ税・入場税などがある。また，東京都および特別区（23区）に関しては，道府県税に該当する税金を東京都が課税し，市町村税に該当する税金を特別区が課税している。ただし，法人市町村民税・固定資産税・事業所税に関しては東京都が課税している。

❸ 普通税・目的税

普通税とは，一般的な財政支出に充てられる税金である。具体的には，所得税・法人税・相続税・贈与税などがある。目的税とは，租税収入の使途が特定されている税金である。目的税には，軽油引取税・都市計画税・自動車取得税などがある。また，目的税とは別に税制上の使途は特定されていないが，財政上の措置として租税収入の全部または一部が特定事業の財源に充てられる税金（特定財源）がある。

❹ 収得税・財産税・消費税・流通税

収得税は，一定の収入を得ているという事実，すなわち，収益に対して課税されるものであり，所得税・法人税などがある。財産税は，一定の財産をもっているという事実に課税されるものであり，相続税・贈与税・固定資産税などがある。消費税は，財またはサービスを消費した事実に課税されるものであり，消費税・酒税・ゴルフ場利用税・地方消費税などがある。また，流通税は，一定の財産移転という事実に基づいて課税される準間接税であり，印紙税・自動車重量税・不動産取得税・登録免許税などがある。

3 税金の体系

❶ 国に納める税金

（1）直接税

所　　得　　税：個人の1年間の所得に対してかかる税金である。
法　　人　　税：会社や協同組合など法人の所得に対してかかる税金である。

相　　続　　税：死亡した人（被相続人）から財産を相続などしたときにかかる税金である。
贈　　与　　税：個人から財産をもらったときにかかる税金である。

（2）間接税
消　　費　　税：物品やサービスの料金にかかる税金（輸入貨物を含む）である。
酒　　　　　税：ビール・日本酒・ウイスキーなどにかかる税金である。
た　ば　こ　税：たばこにかかる税金である。
揮　発　油　税：ガソリンなどにかかる税金である。
地方道路税：ガソリンなどにかかる税金である。
有価証券取引税：株式・債権など有価証券を売ったときにかかる税金である。
印　　紙　　税：契約書など税法で定められた文書を作成したときにかかる税金である。
登　録　免　許　税：不動産登記・商業登記・資格登録などをするときにかかる税金である。
自動車重量税：自動車の車検を受けるときにかかる税金である。
取　引　所　税：商品取引などで売買取引をするときにかかる税金である。
と　　ん　　税：外国貿易をする船舶が寄港するときにかかる税金である。
特別とん税：外国貿易をする船舶が寄港するときにかかる税金である。
関　　　　　税：外国から貨物を輸入したときにかかる税金である。

❷ 地方公共団体に納める税金

（1）道府県税
道　府　県　民　税：道府県内に住所などがある個人または事業所などがある法人に対してかかる税金である。
事　　業　　税：事業を営む個人または法人のその所得にたいしてかかる税金である。
不動産取得税：不動産を取得したときにかかる税金である。
自　動　車　税：自動車を所有しているときにかかる税金である。
自動車取得税：自動車を取得したときにかかる税金である。
特別地方消費税：飲食店・旅館などを利用して一定額以上の料金を払ったときにかかる税金である。
ゴルフ場利用税：ゴルフ場を利用したときにかかる税金である。
道府県たばこ税：たばこにかかる税金である。

（2）市町村税
市 町 村 民 税：市町村内に住所などのある個人または事業所などがある法人に対してかかる税金である。
固 定 資 産 税：土地・建物・償却資産を所有しているときにかかる税金である。
都 市 計 画 税：市街化区域に土地・建物を所有しているときにかかる税金である。
事 業 所 税：特定の都市で一定規模以上の事業所を設けて事業を営むときにかかる税金である。
市町村たばこ税：たばこにかかる税金である。
入 湯 税：温泉地の温泉に入浴したときにかかる税金である。

4 法人税の特色

　法人税は，株式会社などの法人の所得を基準として課税される国税である。法人税の課税対象は，「各事業年度の所得」と「清算所得」があり，各事業年度の所得とは，その事業年度の益金の額から損金の額を差し引いた額で算出される。また，清算所得とは，法人が解散または合併した場合に生じる所得である。法人税には，事業年度課税が適用されており，法人の定款・寄付行為・規則・規約等に事業年度を定めている。法人は，法人税額の申告・納税に当たり，自ら課税所得の金額を計算し，それに対する税額を算出し，これを申告・納付することになる。また，青色申告制度の導入により，正しい帳簿書類等の備え付け，その整理保存を通じて適法な所得税額および法人税額の申告が期待されている。法人税の税率は，基本的には比例税率である。ただし，中小法人については2段階税率が適用される。なお，法人の種類によって異なる税率が採用されている。

5 法人の種類と納税義務

❶ 公共法人

　公共法人とは，公共的性格をもつ法人であり，公共法人には納税義務はないのである。
　公共法人には，地方公共団体，住宅金融公庫，住宅・都市整備公団，首都高速道路公団，新東京国際空港公団，地方住宅供給公社，地方道路公社，日本育英会，日本中央競馬会，日本放送協会，国際協力事業団，国民金融公庫等がある。

❷ 公益法人

　公益法人とは，公益的事業を目的とする法人等であり，公益法人等の所得は非課税である。ただし，販売業，製造業，請負業などの収益事業から生じた各事業年度の所得につい

ては低率で課税される。公益法人には，学校法人，宗教法人，日本商工会議所，日本赤十字社，日本学術振興会，日本弁護士連合会，農業協同組合連合会，宇宙開発事業団，労働組合（法人にあるものに限る）等がある。

❸ 協同組合

協同組合とは，相互扶助を目的とする法人であり，協同組合等は，すべての所得に低率で課税される。協同組合には，漁業協同組合，信用金庫，消費生活協同組合，商工組合中央金庫，水産加工業協同組合，森林組合等がある。

❹ 人格のない社団

人格のない社団とは，法人でない社団または財団で，代表者または管理人の定めがあるものをいう。人格のない社団の所得は非課税であるが，収益事業から生じた各事業年度の所得については普通税率で課税される。人格のない社団には，同窓会，PTA，協会，法人でない労働組合，クラブ，親睦会，研究会等がある。

❺ 普通法人

普通法人とは，営利法人（株式会社，合名会社，合資会社，合同会社，医療法人，企業組合等）をいう。普通法人は，原則として，すべての所得に普通税率の納税義務がある。また，税法では，法人税を納める法人を内国法人と外国法人に区分し，外国法人に対しては，国内源泉所得についてのみ課税される。内国法人とは，国内に本店または主たる事業所を有する法人をいい，外国法人とは内国法人以外の法人である。

演習問題

1. 下記の文章の空欄に適当な用語を記入しなさい。

　国や地方公共団体の行う公共施設や行政サービスは，私たち国民生活の基盤となる諸条件を整えるものであり，（　①　），（　②　），災害防止，生活環境の整備などがあり，私たちの安全で豊かな生活を維持し，確保するためには必要不可欠なものである。わが国の憲法第（　③　）条は「国民は，法律の定めるところにより，（　④　）を負う」と国民の納税義務の存在を明らかにしている。また，憲法第（　⑤　）条は，「あらたに租税を課し，又は現行の租税を変更するには，法律又は法律の定める条件によることを必要とする」と規定している。これは，（　⑥　）の原則であり，国民に対する納税義務を明示すると共に，国または地方公共団体の課税権に制限を加えたものである。

2. 下記の税金をそれぞれ分類（直接税，間接税，国税，地方税，道府県税，市町村税，普通税，目的税，収得税，財産税，消費税，流通税）に区分しなさい。

　軽油引取税，所得税，酒税，地方消費税，法人税，関税，印紙税，相続税，地方消費税，

不動産取得税, 贈与税, 住民税, たばこ税, 自動車重量税, 都市計画税, 自動車取得税, 消費税, 登録免許税, 道府県税, 市町村税, 道府県たばこ税, ゴルフ場利用税, 道府県民税, 事業税, 自動車税, 自動車取得税, 事業所税, 軽自動車税, 市町村民税, 固定資産税, 市町村たばこ税, 入場税

3. 下記の法人をそれぞれの分類（公共法人, 公益法人, 協同組合, 人格のない社団, 普通法人）に区分しなさい。

地方公共団体, クラブ, 消費生活協同組合, 商工組合中央金庫, 親睦会, 研究会, 首都高速道路公団, 新東京国際空港公団, 地方住宅供給公社, 同窓会, PTA, 協会, 法人でない労働組合, 水産加工業協同組合, 森林組合, 地方道路公社, 農業協同組合連合会, 宇宙開発事業団, 信用金庫, 労働組合（法人にあるものに限る）, 日本育英会, 日本中央競馬会, 株式会社, 合名会社, 合資会社, 日本赤十字社, 住宅・都市整備公団, 日本弁護士連合会, 日本学術振興会, 日本放送協会, 宗教法人, 合同会社, 医療法人, 学校法人, 住宅金融公庫, 漁業協同組合, 企業組合, 日本商工会議所, 国際協力事業団, 国民金融公庫

4. 下記の文章の空欄に適当な言葉を記入し完成させなさい。

法人税は, 株式会社などの法人の（ ① ）を基準として課税される（ ② ）である。法人税の課税対象は,「（ ③ ）の所得」と「清算所得」があり,（ ③ ）の所得とは, その事業年度の（ ④ ）の額から（ ⑤ ）の額を差し引いた額で算出される。また, 清算所得とは, 法人が（ ⑥ ）または（ ⑦ ）した場合に生じる所得である。法人税の税率は, 基本的には（ ⑧ ）である。ただし, 中小法人については2段階税率が適用される。なお, 法人の種類によって異なる税率が採用されている。

第2章 所得税の概要

1 所得税の特色

　所得税は，原則として，私たち個人の所得に課税する国税である。各個人に発生・帰属した経済的利益のすべてを対象とする。所得税の課税年度は個人が1年間（暦年）に稼得した所得を課税対象とする。企業会計における売上高に相当するものを「収入」といい，売上原価，販売費及び一般管理費ならびに営業損失などを「経費」と呼び，経費とは収入を得るために直接・間接的に要したものである。所得とは，その収入から経費を控除して算出される。所得税法では，所得の源泉・性質，担税力の相違，徴税便宜等の理由により，所得を，①利子所得，②配当所得，③不動産所得，④事業所得，⑤給与所得，⑥退職所得，⑦山林所得，⑧譲渡所得，⑨一時所得，⑩雑所得の10種類に分類する。これらの所得を「各種所得」といい，それぞれの所得ごとに一定の規則に従って所得の金額が計算される。

2 各種所得の内容と計算方法

　各種所得（10種類）の内容と計算方法を一覧表にまとめると図表2-1のとおりである。
　所得税法では，10種類の所得のほかに，税額の計算につき特別の調整を図るために，変動所得，臨時所得を設けている。
　変動所得とは，漁獲・のりの採取，はまち・まだい・ひらめ・うなぎ・かき・ほたて貝・真珠の養殖，原稿・作曲の報酬，著作権の使用料による所得があげられる。これらの所得は，ある年度に多額の所得が得られることがあり，その年度に高額の税金を課することは不公平になるため，毎年平均的に獲得し得ないこれらの所得に対して，税額の算出には特別な計算方式を定めている。
　臨時所得とは，職業野球選手等の3年以上の期間の専属契約金（年間報酬の2倍以上のもの），3年以上の期間の不動産等の貸し付けによる権利金等（年間賃借料の2倍以上のもの），事業の休廃止等に伴い受ける3年以上の収益補償，業務用資産の災害により受ける3年以上の収益補償による所得及びこれに類する所得であり，役務の提供を約することにより一時に取得する契約金に係る所得その他の所得で臨時に発生する特定のものである。

図表2−1

所得の種類	内容	計算方式（原則）
利子所得	公社債（国債・社債等）および預貯金の利子の所得	所得金額＝収入金額
配当所得	法人からの剰余金の配当（株式・出資に係るもの）の所得	所得金額＝収入金額−負債の利子
不動産所得	不動産（建物・土地等），不動産の上に存する権利，船舶，航空機の貸付けによる所得	所得金額＝収入金額−必要経費
事業所得	事業（不動産等の貸付業を除く）による所得（山林所得，譲渡所得に該当するもの除く）	所得金額＝収入金額−必要経費
給与所得	給料，賃金，賞与，俸給等による所得	所得金額＝収入金額−給与所得控除額
退職所得	退職手当，一時恩給等による所得	所得金額＝（収入金額−退職所得控除額）×1／2
山林所得	山林の伐採又は譲渡による所得（5年以内に伐採又は譲渡した場合は事業・譲渡所得）	所得金額＝（収入金額−必要経費）−特別控除額（50万円）
譲渡所得	資産（土地・建物等）の譲渡による所得	所得金額＝収入金額−（取得費＋譲渡費用）−特別控除額（50万円）
一時所得	法人から贈与を受けた金品，懸賞当せん金，競馬・競輪の払戻し金等による所得	所得金額＝収入金額−支出金額−特別控除額（50万円）
雑所得	(1) 非営業貸金の利子，著述家以外の者の原稿料・印税等による所得 (2) 公的年金等の所得	所得金額＝収入金額−必要経費 所得金額＝収入金額−公的年金等控除額

3 納税義務

❶ 所得税の納税義務者

納税義務を負う者は，「課税原因となる所得を稼得した者」であり，これを納税義務者と呼ぶのである。納税義務者は，原則として個人であるが，利子・配当等の一部の所得に対しては，法人も所得税の納税義務者となる。

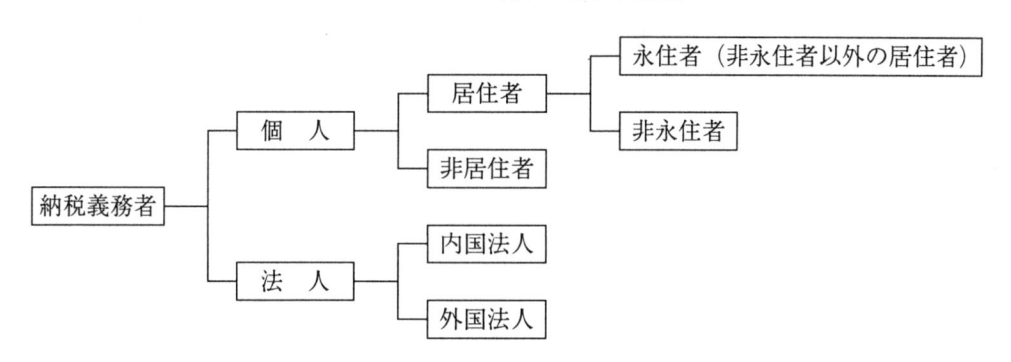

図表2-2　所得税の納税義務者

```
納税義務者 ─┬─ 個　人 ─┬─ 居住者 ─┬─ 永住者（非永住者以外の居住者）
　　　　　 │　　　　　│　　　　 └─ 非永住者
　　　　　 │　　　　　└─ 非居住者
　　　　　 └─ 法　人 ─┬─ 内国法人
　　　　　　　　　　　 └─ 外国法人
```

（1）個人納税義務者

　個人納税義務者は，居住者と非居住者に区分され，また居住者は永住者（非永住者以外の居住者）と非永住者に区分される。

　居住者とは，日本に住所を有し，または現在まで引き続き1年以上居所を有する個人であり，非居住者以外の者をいう。居住者は，日本国内で生じた国内源泉所得と日本国外で生じた国外源泉所得のすべての所得（全世界所得）について，所得税の納税義務を負うのである。一般的に外国人の場合，更にその居住期間および永住の意志により，居住者は永住者と非永住者に区分される。

　非永住者とは，居住者のうち日本国籍を有しておらず，かつ，過去10年以内において国内に住所または居所を有していた期間の合計が5年以下である個人をいう。非永住者については，日本の国内源泉所得と国外源泉所得のうち，日本国内で支払われた，または国外から送金されたものが課税対象となる。

　永住者とは，居住者のうち非永住者以外の個人である。日本での居住期間が5年超の個人，または永住の意思がある個人である。永住者については，国内払い，国外払いにかかわらず，すべての所得が課税対象とされる。

　非居住者とは，居住者以外の個人である。日本おける1年未満の短期滞在を予定している者が該当し，日本の国内源泉所得のみ納税義務を負うのである。

（2）法人納税義務者

　内国法人（日本国内に本店または主たる事務所を有する法人）は，国内源泉所得のうち，利子等・配当等・定期積金契約に係る給付補填金・外貨預貯金の元本・利子に係る換算差益・馬主が受ける競馬の賞金などについて所得税を納付しなければならないのである。

　外国法人（内国法人以外の法人）は，国内源泉所得のうち，利子等・配当等・工業所有権・特許権等の使用料または譲渡対価などについて所得税を納める義務を負うのである。

4 申告・納税の方法

　納税義務を確定し納税する方法には,「申告納税方式」と「賦課課税方式」と「自動確定方式」があり,わが国の所得税は,原則として予定納税または源泉徴収の段階を経て,確定申告によって完結する。しかし,申告がないか(無申告)または過少申告のときに,納税者が自ら確認して修正をしなかった部分の課税標準または所得税額を確定する更正または決定が行われる。

　申告納税方式とは,納税者の申告によって納税義務が確定し,納税者が納税すべき税額を自ら算出して申告し納付する方法である。所得税・法人税などの国税,および法人住民税・法人事業税などの地方税などがこれに該当する。しかし,給与所得者については,源泉徴収制度により給与の支払者を特別源泉徴収義務者と定め,源泉徴収された者(年末調整により納税手続きが完了する者に限る)はあらためて申告手続き(確定申告書の提出)を行う必要はないのである。

　賦課課税方式とは,課税団体の発行する納税通知書が納税者に送達されて納税義務が確定し,納税者はこの納税通知書に従って納税する方法である。個人住民税・個人事業税・固定資産税などの地方税が該当する。

　自動確定方式とは,申告納税方式でも賦課課税方式でもなく,納税義務の成立と同時に自動的に税額が確定する方法である。所得税の予定納税,印紙により納付する印紙税,登録免許税などが該当する。

5 総合課税方式と超過累進課税

　総合課税方式とは,10種類に分類した各種所得金額を,原則としてすべて合算し,その合計額に対して所得税が課税される。しかし,例外的に分離課税方式が採られており,特定の所得(退職所得・山林所得)に限っては,総合課税と分離して超過累進税率を課すことになる。また,総合課税される事業所得(土地等の事業所得の金額)と譲渡所得(土地建物等の譲渡所得の金額,株式等に係る譲渡所得の金額)にあっては,担税力・徴収便宜等の理由によって他の所得と分離して税額計算を行う。

　超過累進税率とは,課税金額を何段階かに区分して,上段階ほど高い税率を適用するものである。

図表2－3　所得税の超過累進税率

	課税総所得金額		税　率
①	195万円以下		5%
②	195万円超	330万円以下	10%
③	330万円超	695万円以下	20%
④	695万円超	900万円以下	23%
⑤	900万円超	1,800万円以下	33%
⑥	1,800万円超		40%

例題 １

Aさん（1年間）の所得金額が2,000万円である場合，上記「表」の超過累進税率によって所得税を計算しなさい。

解　答

所得税 5,204,000円

①	195万円 × 5％	＝	97,500円
②	（330万円 － 195万円）× 10％	＝	135,000円
③	（695万円 － 330万円）× 20％	＝	730,000円
④	（900万円 － 695万円）× 23％	＝	471,500円
⑤	（1,800万円 － 900万円）× 33％	＝	2,970,000円
⑥	（2,000万円 － 1,800万円）× 40％	＝	800,000円
			5,204,000円

演習問題

1．下記の用語を用いて①から⑭を埋め，各所得の計算方式を完成させなさい。
　＊用語は，複数回使用してよい
　　収入金額，負債の利子，給与所得控除額，必要経費，1／2，退職所得控除額，取得費，特別控除額，50，70，支出金額，公的年金等控除額，1／4

所得の種類	計算方式（原則）
利子所得	所得金額 =（　①　）
配当所得	所得金額 = 収入金額 －（　②　）
不動産所得	所得金額 =（　③　）－ 必要経費
事業所得	所得金額 = 収入金額 －（　④　）
給与所得	所得金額 = 収入金額 －（　⑤　）
退職所得	所得金額 =（収入金額 －（　⑥　））×（　⑦　）
山林所得	所得金額 =（収入金額 － 必要経費）－ 特別控除額（　⑧　万円）
譲渡所得	所得金額 = 収入金額 －（（　⑨　）＋ 譲渡費用）－ 特別控除額（　⑩　万円）
一時所得	所得金額 = 収入金額 －（　⑪　）－ 特別控除額（　⑫　万円）
雑所得 (1) 公的年金以外 (2) 公的年金等	所得金額 = 収入金額 －（　⑬　） 所得金額 = 収入金額 －（　⑭　）

2．下記の文章（個人納税義務者について）の空欄①〜⑨に適当な文字を書き入れなさい。

　　（　①　）とは，日本に住所を有し，または現在まで引き続き1年以上居所を有する個人であり，（　②　）以外の者をいう。（　①　）は，日本国内で生じた国内源泉所得と日本国外で生じた国外源泉所得のすべての所得（　③　）について，所得税の納税義務を負う。

　　一般的に外国人の場合，更にその居住期間および永住の意志により，（　①　）は（　④　）と（　⑤　）に区分される。（　⑤　）とは，居住者のうち日本国籍を有しておらず，かつ，過去（　⑥　）年以内において国内に住所または居所を有していた期間の合計が（　⑦　）年以下である個人をいう。（　⑤　）については，日本の国内源泉所得と国外源泉所得のうち，日本国内で支払われた，または国外から送金されたものが課税対象となる。

　　（　④　）とは，居住者のうち非永住者以外の個人をいう。日本での居住期間が（　⑧　）年超の個人，または永住の意思がある個人をいう。（　④　）については，国内払い，国外払いにかかわらず，すべての所得が課税対象とされる。

　　（　②　）とは，居住者以外の個人をいう。日本おける（　⑨　）年未満の短期滞在を予定している者が該当し，日本の国内源泉所得のみ納税義務を負う。

3．Bさん（1年間）の所得金額が800万円である場合，上記表の超過累進税率によって所得税を計算しなさい。

第3章 損益法と財産法，キャッシュ・フロー計算書

1 期間損益計算について

　企業会計の目的は，企業の経営成績を明らかにすることにあり，企業の経営成績は，一会計期間に属するすべての収益と，これに対応するすべての費用とを比較して，利益を計算し明らかにすることである。現行会計は，損益計算が中心である。期間損益計算とは，継続企業を前提として，会計期間を1年等の人為的な期間に区切り，それぞれの期間における収益および費用を算定し，企業の経営成績としての利益を計算することである。期間損益計算の方法には，「財産法」と「損益法」の2つがあり，企業の損益計算における相対立した2つの立場を表している。

2 財産法

　財産法とは，期首と期末の純財産（正味財産）の差額から純損益を計算する方法である。実際に存在する資産と負債の差額として純財産額が計算され，この純財産額の期首と期末を比較して，期間損益が計算される。計算方法は下記に示す通りである。

　計算式

> 期首資産 － 期首負債 ＝ 期首純資産
> 期末資産 － 期末負債 ＝ 期末純資産
> 期末純資産 － 期首純資産 ＝ ＋純利益（－純損失）

3 損益法

　損益法とは，一会計期間における総収益と総費用の差額により純損益を計算する方法である。損益法においては，発生主義会計のもの，期間収益・期間費用が適正に認識・測定され，その差額として当期純利益が計算される。

計算式

> 総収益 － 総費用 ＝ ＋純利益（－純損失）

4 財産法と損益法の計算例

（1）会社「設立」データ

> 設立時取引内容
> ① 現金の出資額：200,000円
> ② 備品現金購入： 20,000円
> ③ 金融機関借入： 50,000円

会社「設立」時の貸借対照表

期首貸借対照表（期首B/S）

資　産	負　債
現　金 ①　　200,000（現金出資） ②　△ 20,000（備品購入） ③　＋ 50,000（銀行借入） 合計 230,000	借入金 ③　　50,000（銀行借入）
備　品 ②　　20,000（現金購入）	期首純資産 資本金 　　200,000　①

参考：会計処理（仕訳解答）

①（現　金）200,000　　（資本金）200,000
②（備　品） 20,000　　（現　金） 20,000
③（現　金） 50,000　　（借入金） 50,000

（2）会社「期中」データ（単位：円）

> ①商品の購入（掛取引）：160,000円
> ②商品の販売（掛取引）：300,000円
> ③給料の支払（現　金）： 30,000円
> ④家賃の支払（現　金）： 70,000円

損益計算書（P/L）

費用	収益
仕 入 ① 160,000（掛） 給 料 ③ 30,000（現金） 家 賃 ④ 70,000（現金） (2) 純利益 　　40,000	売 上 ② 300,000（掛）
合計 300,000	合計 300,000

期末貸借対照表（期末B/S）

資産	負債
現 金 　230,000（期首） ③ △ 30,000（給料） ④ △ 70,000（家賃） 　計 130,000 売掛金 ② 300,000（売上） 備 品 　20,000（期首）	借入金 　50,000（期首） 買掛金 ① 160,000（商品） 期末純資産（(1)＋(2)） (1) 期首純資産 　200,000 (2) 純利益 　40,000
合計 450,000	合計 450,000

参考：会計処理（仕訳解答）

　　① （仕　入）160,000　　（買掛金）160,000
　　② （売掛金）300,000　　（売　上）300,000
　　③ （給　料）30,000　　（現　金）30,000
　　④ （家　賃）70,000　　（現　金）70,000

（3）財産法・損益法による純損益の算出方法

上記，(1) と (2) のまとめ

期首　貸借対照表

資産	負債
現 金 　230,000 備 品 　20,000	借入金 　50,000 純資産 資本金 　200,000

損益計算書

費用	収益
仕 入 　160,000 給 料 　30,000 家 賃 　70,000 利 益 　40,000	売 上 　300,000

期末　貸借対照表

資産	負債
現 金 　130,000 売掛金 　300,000 備 品 　20,000	借入金 　50,000 買掛金 　160,000 純資産 期首資本 　200,000 純利益 　40,000

期末純資産
240,000

（解　答）

財産法による純損益の算出

> ①　期首資産 － 期首負債 ＝ 期首純資産
> ②　期末資産 － 期末負債 ＝ 期末純資産
> ③　期末純資産 － 期首純資産 ＝ ＋純利益（－純損失）

計算式　240,000円 － 200,000円 ＝ 40,000円（純利益）

損益法による純損益の算出

> 総収益 － 総費用 ＝ ＋純利益（－純損失）

計算式売上　300,000円 －（仕入160,000円 ＋ 給料30,000円 ＋ 家賃70,000円）＝ 40,000円

5　キャッシュ・フロー計算書の形式（参考：応用内容）

　キャッシュ・フロー計算書とは，一会計期間における企業のキャッシュ・フロー（現金の流れ）の状況を，一定の活動に区分（営業・投資・財務活動）して表示する計算書である。現在の会計における「収益」・「費用」の認識は，資金の流入額・流出額とは一致しておらず，また，決算日時点の「資産」・「負債」の増減の事実を表していないのである。したがって，実際には，資金がなくて支払能力がないにもかかわらず，利益が算出され利害関係者（投資家等）の意思決定を誤らせる恐れがある。キャッシュ・フロー計算書は，資金の期末残高や資金の増減事実を表し，利害関係者の意思決定に役立つ情報を提供するために作成される。キャッシュ・フロー計算書の作成方法には，営業活動の表示方法において「直接法」と「間接法」がある。

6　キャッシュ・フロー計算書の具体例「直接法」

　下記の貸借対照表と損益計算書に基づき，キャッシュ・フロー計算書を作成する。
＊下記の内容は，上記「4　財産法と損益法の計算例」の計算例に「借入金の返済（20,000円）」の取引を追加した内容である。

　　追加取引：会計処理（仕訳処理）

　　　（借入金）20,000　　　（現　金）20,000

第3章 損益法と財産法，キャッシュ・フロー計算書　65

損益計算書（P/L）

費　用	収　益
仕　入 　　160,000（掛）	売　上 　　300,000（掛）
給　料 　　30,000（現金）	
家　賃 　　70,000（現金）	
(2) 純利益 　　40,000	
合計 300,000	合計 300,000

期末貸借対照表（期末B/S）

資　産	負　債
現　金 　　230,000（期首） 　△ 30,000（給料） 　△ 70,000（家賃） 　△ 20,000（借入金） 　計 110,000	借入金 　　50,000（期首） 　△ 20,000（現金） 買掛金 　　160,000（商品）
売掛金 　　300,000（売上） 備　品 　　20,000（期首）	期末純資産（(1)+(2)） (1) 期首資本 　　200,000 (2) 純利益 　　40,000
合計 430,000	合計 430,000

キャッシュ・フロー計算書（直接法）

Ⅰ	営業活動によるキャッシュ・フロー	
	営業収入	0
	商品の仕入支出	0
	人件費支出	−30,000
	その他の営業支出	−70,000
	小　計	−100,000
	営業活動によるキャッシュ・フロー	−100,000
Ⅱ	投資活動によるキャッシュ・フロー	0
Ⅲ	財務活動によるキャッシュ・フロー	
	借入金の返済額	−20,000
	財務活動によるキャッシュ・フロー	−20,000
Ⅳ	現金および現金同等物の増加額	−120,000
Ⅴ	現金および現金同等物期首残高	230,000
Ⅵ	現金および現金同等物期末残高	110,000

＊ポイント

　損益計算書・貸借対照表では，利益が40,000円算出されている。しかし，キャッシュ・フロー計算書を作成することにより，期首の現金230,000円が期末には110,000円に減少しており，利益は実質的には現金としては回収されていないことがわかる。会社の経営において，利益は計上されているが，実際の現金の回収が反映されずに倒産することを「黒字倒産」という。

演習問題

1. 下記の資料①会社「設立」データと②会社「期中」データに基づいて，下記の「期首貸借対照表：期首B/S」と「損益計算書：P/L」と「期末貸借対照表：期末B/S」を完成させ，財産法・損益法による純損益の算出を示しなさい。

会社「設立」データ
① 現金の出資　：500,000円
② 備品現金購入：30,000円
③ 銀行借入　　：80,000円

会社「期中」データ
① 商品の購入（掛取引）：525,000円
② 給料の支払（現金）　：70,000円
③ 商品の販売（掛取引）：750,000円
④ 通信費の支払（現金）：40,000円

(解答欄)

期首 貸借対照表

資　産	負　債
現　金	借入金
(　　　)	(　　　)
備　品	
(　　　)	
	純資産
	資本金
	(　　　)

損益計算書

費　用	収　益
仕　入	売　上
(　　　)	(　　　)
給　料	
(　　　)	
通信費	
(　　　)	
純利益	
(　　　)	

期末 貸借対照表

資　産	負　債
現　金	借入金
(　　　)	(　　　)
売掛金	買掛金
(　　　)	(　　　)
備　品	純資産
(　　　)	期首資本金
	(　　　)
	純利益
	(　　　)

第4章　社会保険料と年金計算

1　医療保険の概要

　医療保険は，本人や家族が病気，けが，出産，死亡など，多額の医療費が必要となる場合に，加入者全員で保険料を負担し助け合う制度である。加入者は，少ない負担額で必要な医療が受けられ，また，病気などで会社を一定期間休職した場合などには，生活保障も受けられる。健康保険事業を運営するために保険料を徴収したり，保険給付を行ったりする運営主体には，政府（社会保険庁）と健康保険組合の2種類，また各種共済組合が運営する，共済組合（国家公務員，地方公務員，私学教職員），および各市区町村が運営する，国民健康保険（健康保険・船員保険・共済組合等に加入している勤労者以外の一般住民）である。

❶ 政府（社会保険庁）

　政府（社会保険庁）は，健康保険組合に加入している組合員以外の被保険者の健康保険を管掌している。運営している医療保険は，「企業」などで働く人々を対象とする「政府管掌健康保険」（被保険者数約1,968万人，被扶養者数約1,789万人）と，「船員」の人々を対象とする「船員保険（疾病部門）」（被保険者数約9万人，被扶養者数約16万人）である。

❷ 健康保険組合

　健康保険組合は，その組合員である被保険者の健康保険を管掌しているのである。これを組合管掌健康保険（以下，組合）といい，単一の企業で設立する組合（松下電器健康保険組合，ソニー健康保険組合），同種同業の企業が合同で設立する組合（関東百貨店健康保険組合）などがある。組合を設立するためには，一定数以上の被保険者があって，かつ，組合員となる被保険者の半数以上の同意を得て規約を作り，厚生労働大臣の認可を受けることが必要である。

図表4-1　医療保険制度一覧（退職者医療，老人医療を除く）

制度		被保険者	保険者	給付事由
医療保険	健康保険 一般	健康保険の適用事業所で働くサラリーマン・OL（民間会社の勤労者）	政府（社会保険庁）健康保険組合	業務外の病気・けが，出産，死亡（船保は職務上の場合を含む）
	健康保険 法第3条第2項の規定による被保険者	健康保険の適用事業所に臨時に使用される人や季節的事業に従事する人等（一定期間をこえて使用される人を除く）	政府（社会保険庁）	
	船員保険	船員として船舶所有者に使用される人	政府（社会保険庁）	
	共済組合	国家公務員，地方公務員，私学教職員	各種共済組合	病気・けが，出産，死亡
	国民健康保険	健康保険・船員保険・共済組合等に加入している勤労者以外の一般住民	市（区）町村	

出所：社会保険庁ホームページ，公的医療保険制度の体系。

2 年金保険の概要

❶ 公的年金の仕組み

　公的年金は，高齢者の老後の所得を保障し，老後の生活を実質的に支えることを目的としている。公的年金は，若いうちから一定期間保険料を支払い，年をとってから毎月決まった額の「年金」がもらえるシステムである。また，若いうちに障害を負ったときや，夫（配偶者）が死亡した場合にも年金をもらえるシステムであり，老後に収入が減少または途絶えたときに，生活の基盤をとなる制度である。現在，公的年金の加入者は約7,050万人，受給者は延べ約3,740万人であり，高齢者世帯の収入のうち，平均で79％（自営業世帯や稼得収入のある世帯を除く）が公的年金で占められ，公的年金だけという世帯も，高齢者世帯の半数にのぼっている。

年金種類

> 第1号（自営業者とその妻），
> 第2号（会社員，公務員，学校教職員），
> 第3号（会社員，公務員，学校教職員等に扶養されている専業主婦）

　国民年金には上記第1号から第3号まで3種類がある。年金には，全国民共通の国民年金「基礎年金」があり，「20歳」以上の国民全員が「25年」以上（60歳まで）加入しなけ

ればならない制度（受給は65歳から）である。また，国民年金「基礎年金」とは別に，将来受け取る年金を増やすことができる年金がある。第1号の人は，追加で保険料を支払えば，「国民年金基金」または「付加年金」に加入でき，第2号の人の場合は，自動的に「厚生年金：会社員」，「共済年金：公務員，学校教職員」加入している。さらに，第2号の人のより豊かな老後を保障するものとして，企業によっては，企業年金（「厚生年金基金」や「適格退職年金基金」）にも加入することになり，給料に応じて年金を貰えることになっている。

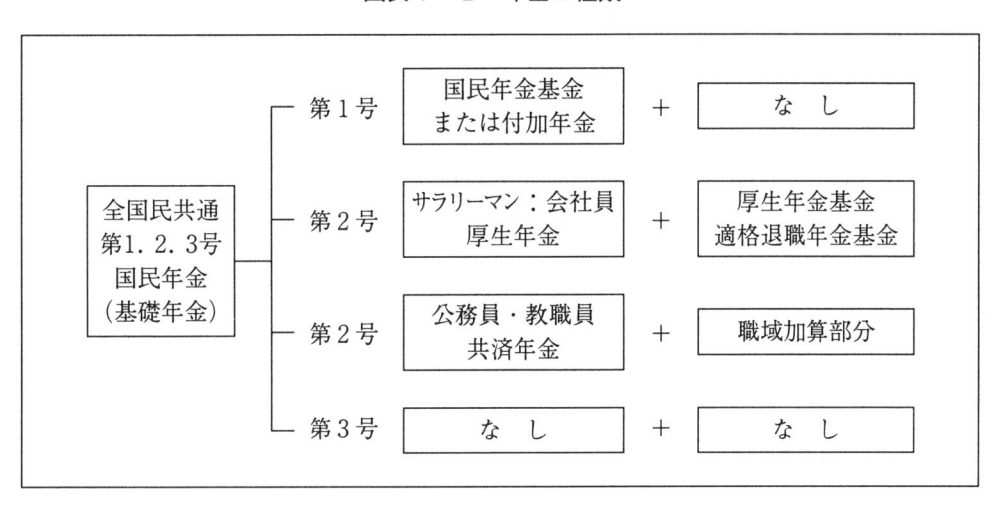

図表4－2　年金の種類

全国民共通 第1,2,3号 国民年金 （基礎年金）	第1号	国民年金基金 または付加年金	＋	なし
	第2号	サラリーマン：会社員 厚生年金	＋	厚生年金基金 適格退職年金基金
	第2号	公務員・教職員 共済年金	＋	職域加算部分
	第3号	なし	＋	なし

❷ 学生納付特例制度

現在，国民年金は学生でも「20歳」から強制加入（月額14,660円）することになっている。しかし，学生はほとんどの場合所得がなく，国民年金の保険料を本人が納めることが困難であるため，学生は，保険料を納めることが猶予（免除）される「学生納付特例制度」がある。これは，社会人になってから保険料を納めることができるようにした制度である。しかし，猶予（免除）期間中は，加入期間としては認められるが，保険料は未払いであるため，年金額には反映されない。年金未加入や保険料滞納の場合，さかのぼって届け出たり保険料を払えるのは，過去「2年間」分ですが，学生時代に免除申請をしておくと，「10年前」の分まで支払うことができるようになっている。

「対象となる学生」

大学（大学院），短大，高等学校，高等専門学校，専修学校および各種
＊夜間，定時制課程や通信制課程学校その他の教育施設の一部に在学も該当する。

❸ 届出の方法

　住民票を登録している市区町村の国民年金担当窓口，または社会保険事務所に「国民年金保険料納付特例申請書」が備え付けてある。この申請書に必要事項を明記して，国民年金担当窓口まで届け出することが必要である。

3 労災保険の概要

　労災保険とは，業務上または通勤による労働者の負傷・疾病・障害または死亡に対して労働者やその遺族のために，必要な保険給付を行う制度である。

❶ 業務災害について

　業務災害とは，労働者の業務上の負傷，疾病，障害または死亡をいう。ここに，業務災害とは，業務が原因となった災害であり，業務と傷病等との間に一定の因果関係があることである。保険給付は，労働者が労災保険が適用される事業場（法人・個人を問わず）において業務中に発生した災害に対して給付される。業務上の負傷とは，事業主の支配・管理下で業務に従事している場合（所定労働時間内や残業時間内に事業場内において業務に従事している場合）が該当する。業務上の疾病とは，業務との間に相当因果関係が認められる場合（業務上疾病）に労災保険給付の対象となる。

❷ 通勤災害について

　通勤災害とは，労働者が通勤により被った負傷，疾病，障害または死亡をいう。
　この場合の「通勤」とは，①住居と就業の場所との間の往復，②就業の場所からほかの就業の場所への移動等が該当する。

4 雇用保険の概要

❶ 雇用保険の失業給付とは

　雇用保険の失業給付とは，雇用保険の被保険者（加入者）が，倒産，定年，自己都合等により会社を離職し，働く意志，能力があるが就職できない場合に，就職活動および再就職までの一定期間の生活を安定させるために支給される。基本手当の受給日数は，受給資格に係る離職の日における年齢，雇用保険の被保険者であった期間及び離職の理由などによって決定され，原則として離職した日の翌日から1年間（90日～360日）の期間である。

❷ 受給要件

雇用保険の被保険者が会社を離職して、ハローワークに来所し求職の申込みを行う必要がある。就職しようとする積極的な意志があり、いつでも就職できる能力があるにもかかわらず、本人やハローワークの努力によっても、職業に就くことができない「失業の状態」にあることが条件である。したがって、次のような状態にあるときは、基本手当を受けることができない。

> ① 病気やけがのため、すぐには就職できないとき
> ② 妊娠・出産・育児のため、すぐには就職できないとき
> ③ 定年などで退職して、しばらく休職しようと思っているとき
> ④ 結婚などにより、家事に専念し、すぐに就職することができないとき
> ⑤ 昼間学校に通うため、すぐに就職することができないとき

また、原則として、離職の日以前2年間に、賃金支払いの基礎となった日数が11日以上ある月が通算して12カ月以上あり、かつ、雇用保険に加入していた期間が通算して12カ月以上ある場合に支給される。

❸ 支給額

雇用保険で受給できる1日当たりの金額を「基本手当日額」という。この「基本手当日額」は原則として離職した日の直前「6カ月」に毎月きまって支払われていた賃金（賞与等は除く）の合計を「180」で割って算出した金額（これを「賃金日額」という）のおよそ50～80％（60歳～64歳については45～80％）となっており、賃金の低い方ほど高い率となっている。

演習問題

1. 下記の文章の空欄①から④に適切な言葉を記入し、文章を完成させなさい。

    医療保険は、本人や家族が病気、けが、出産、死亡など、多額の医療費が必要となる場合に、加入者全員で保険料を負担し助け合う制度です。健康保険事業を運営するために保険料を徴収したり、保険給付を行ったりする運営主体には、（ ① ）と（ ② ）の2種類、また各種共済組合が運営する、共済組合（（ ③ ）、地方公務員、私学教職員）、および各市区町村が運営する、（ ④ ）（健康保険・船員保険・共済組合等に加入している勤労者以外の一般住民）がある。

2. 下記の文章の空欄①から⑦に適切な言葉を記入し、文章を完成させなさい。

    年金には、全国民共通の（ ① ）があり、（ ② ）歳以上の国民全員が（ ③ ）年以上加入しなければならない制度である。また、（ ① ）とは別に、将来受け取る年金を増やすことが出来る年金があり、第1号の人（自営業者）は、追加で保険料を支払えば、

（　④　）または「付加年金」に加入でき，第2号の人の場合は，自動的に「（　⑤　）年金：会社員」，「（　⑥　）年金：公務員，学校教職員」加入する。さらに，第2号の人のより豊かな老後を保障するものとして，企業によっては，（　⑦　）年金（「厚生年金基金」や「適格退職年金基金」）にも加入することになり，給料に応じて年金を貰えることになっている。

3．下記の文章の空欄①から⑨に適切な言葉を記入し，文章を完成させなさい。

　雇用保険の失業給付とは，雇用保険の被保険者（加入者）が，（　①　），（　②　），（　③　）等により会社を離職し，働く意志，能力があるが就職できない場合に，就職活動及び再就職までの一定期間の生活を安定させるために支給される。基本手当の受給日数は，原則として離職した日の翌日から（　④　）（（　⑤　））の期間である。また，原則として，離職の日以前2年間に，賃金支払いの基礎となった日数が11日以上ある月が通算して（　⑥　）カ月以上あり，かつ，雇用保険に加入していた期間が通算して（　⑦　）カ月以上ある場合に支給される。支給額については，原則として離職した日の直前（　⑧　）カ月に毎月きまって支払われていた賃金（賞与等は除く）の合計を（　⑨　）で割って算出した金額である。

第5章　割引計算（現価係数表・年金現価係数表の見方，読み方）

1 複利計算とは

複利計算とは，現在の貨幣の金額を将来の貨幣価値に直す計算方法である。下記の設例を用いて説明を行う。

例題 1

複利計算
資金1,000円を利子率年10％で金融機関に預金した場合の1年後，2年後，3年後の元利（元金・利息）合計額を求めなさい。

解　答
　1年後：1,100円　2年後：1,210円　3年度：1,331円
計算過程

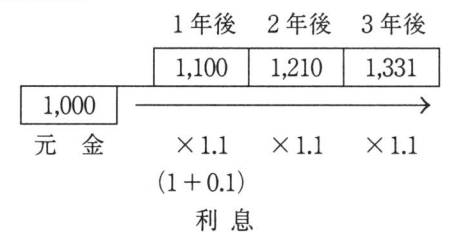

	1年後	2年後	3年後
	1,100	1,210	1,331

1,000
元　金　　×1.1　×1.1　×1.1
　　　　（1＋0.1）
　　　　　利　息

計算：1,000円×1.1×1.1×1.1＝1,331円

2 割引計算

割引計算とは，将来の貨幣の金額を現在の貨幣価値に直す計算方法である。
複利計算と割引計算の違いを図で示すと下記の通りとなる。

複利計算	⇔	割引計算
(現在の金額の将来価値を計算)		(将来の金額の現在価値を計算)

下記の設例を用いて割引計算の説明を行う。

例題 2

割引計算
3年後に1,000円を手元に残す場合，現在金融機関にいくらの預金（現在価値）があればよいかを割引計算により算出しなさい。計算過程における端数処理は，円未満切り捨てによる。

解 答

751円

```
                        3年後
              ┌──────┬──────┬──────┐
              │826.44‥│909.09‥│1,000円│
     ┌──────┐ └──────┴──────┴──────┘
     │751.31‥│  ←
     └──────┘
     ＝751円   (÷1.1   ÷1.1   ÷1.1)
     現在価値           (1.1)³ ＝ 1.331
```

計算：1,000円 ÷ 1.331 ＝ 751.3148‥‥751円（円位未満切捨）
1,000円 ÷ 1.1 ÷ 1.1 ÷ 1.1 ＝ 751.3148‥

まとめ

$$\frac{1,000円}{(1+0.1)^3 \, (1.1)^3} = \frac{1,000円}{1.331} = 1,000円 ÷ 1.331$$

$$= 751円（円未満切捨）$$

3 現価係数

現価係数とは，将来の現金の価値を現在の価値に直すための係数であり，割引計算を行うときに利用する。ここに，現価係数とは割引率（利率）がr％のときのn年後の「1円の現在価値」を表す。

第5章 割引計算（現価係数表・年金現価係数表の見方，読み方） 75

（1）現価係数を利用しない場合

$$\text{現在価値} = \frac{F\text{円}}{(1+r)^n}$$

F＝（3年後の金額）
r＝利子率（10%）
n＝3年

（2）現価係数を利用する場合

$$\text{現価係数} = \frac{1\text{円}}{(1+r)^n}$$

r＝利子率（10%）
n＝3年
F円 × 現価係数 ＝ 現在価値

例題 3

利率（10%）における1年後，2年後，3年後の現価係数を求めなさい。（小数点第5位を四捨五入）

解 答

1年後　$\dfrac{1\text{円}}{(1+0.1)}$ ＝ 0.90909　現価係数 0.9091
　　　　(1.1)

2年後　$\dfrac{1\text{円}}{(1+0.1)^2}$ ＝ 0.82644　0.8264
　　　　$(1.1)^2$

3年後　$\dfrac{1\text{円}}{(1+0.1)^3}$ ＝ 0.75131　0.7513
　　　　$(1.1)^3$

例題 4

利子率（5%）の場合における，4年後の50,000円の現在価値を，（1）現価係数を利用しない場合と，（2）現価係数を利用する場合により求めなさい。

解 答

（1）現価係数を利用しない場合

（円位未満四捨五入）

$$\frac{50,000\text{円}}{(1+0.05)^4} = 41,135\text{円}$$
$(1.05)^4$　　現価係数

（2）現価係数を利用する場合

$$\frac{1\text{円}}{(1+0.05)^4} = 0.8227\cdots$$
$(1.05)^4$　　現価係数
（小数点第5位四捨五入）

50,000円 × 0.8227 ＝ 41,135円

4 年金現価係数

年金現価係数とは，毎年，同額の現金収支がある場合に，将来の現金の価値を現在価値に直すための係数であり，現価係数の累計（合計）である。割引計算を行うときに利用する。

例題 5

利子率10％のときの1年後，2年後，3年後の年金現価係数を求めなさい。

解 答

1年後　$\dfrac{1円}{(1+0.1)} = 0.90909\cdots$　年金現価係数 0.9091（小数点第5位四捨五入）

2年後　$\underset{0.8264}{\underset{(1.1)^2}{\dfrac{1円}{(1+0.1)^2}}} + \underset{0.9091}{\dfrac{1円}{(1+0.1)}} = $　年金現価係数 1.7355（小数点第5位四捨五入）

3年後　$\underset{0.7513}{\underset{(1.1)^3}{\dfrac{1円}{(1+0.1)^3}}} + \underset{0.8264}{\underset{(1.1)^2}{\dfrac{1円}{(1+0.1)^2}}} + \underset{0.9091}{\dfrac{1円}{(1+0.1)}} = $　年金現価係数 2.4868（小数点第5位四捨五入）

例題 6

上記の年金現価係数を利用して，毎年，利子率（10％）で（3年間同額：10,000円）の現金収支がある場合における現在価値を，（1）現価係数を利用しない場合と，（2）現価係数を利用する場合により求めなさい。

解 答

（1）現価係数を利用しない場合

（円位未満四捨五入）

1年後　$\underset{(1.1)}{\dfrac{10,000円}{(1+0.1)}} = 9,091円$

2年後　$\underset{(1.1)^2}{\dfrac{10,000円}{(1+0.1)^2}} = 8,264円$

（2）現価係数を利用する場合

$\underset{0.7513}{\underset{(1.1)^3}{\dfrac{1円}{(1+0.1)^3}}} + \underset{0.8264}{\underset{(1.1)^2}{\dfrac{1円}{(1+0.1)^2}}} + \underset{0.9091}{\dfrac{1円}{(1+0.1)}}$

年金現価係数
$= 2.4868$（小数点第5位四捨五入）

第5章 割引計算（現価係数表・年金現価係数表の見方，読み方）　77

$$3年後\quad \frac{10,000円}{(1+0.1)^3} = 7,513円$$
　　　　　$(1.1)^3$

9,091 + 8,264 + 7,513 ＝ 24,868円
　　　　　　　　　　現在価値

10,000円 × 2.4868 ＝ 24,868円
　　　　　　　　　現在価値

例題 7

割引率3％のときの5年後の現価係数および年金現価係数を下記の表から求めなさい。

「現価係数表」

	1%	2%	3%	4%	5%	6%	7%	8%	9%	10%
1年	0.9901	0.9804	0.9709	0.9615	0.9524	0.9434	0.9346	0.9259	0.9174	0.9091
2年	0.9803	0.9612	0.9426	0.9246	0.9070	0.8900	0.8734	0.8573	0.8417	0.8264
3年	0.9706	0.9423	0.9151	0.8890	0.8638	0.8396	0.8163	0.7938	0.7722	0.7513
4年	0.9610	0.9238	0.8885	0.8548	0.8227	0.7921	0.7629	0.7350	0.7084	0.6830
5年	0.9515	0.9057	0.8626	0.8219	0.7835	0.7473	0.7130	0.6806	0.6499	0.6209

「年金現価係数表」

	1%	2%	3%	4%	5%	6%	7%	8%	9%	10%
1年	0.9901	0.9804	0.9709	0.9615	0.9524	0.9434	0.9346	0.9259	0.9174	0.9091
2年	1.9704	1.9416	1.9135	1.8861	1.8594	1.8334	1.8080	1.7833	1.7591	1.7355
3年	2.9410	2.8839	2.8286	2.7751	2.7232	2.6730	2.6243	2.5771	2.5313	2.4869
4年	3.9020	3.8077	3.7171	3.6299	3.5460	3.4651	3.3872	3.3121	3.2397	3.1699
5年	4.8534	4.7135	4.5797	4.4518	4.3295	4.2124	4.1002	3.9927	3.8897	3.7908

解　答

現価係数（0.8626）

年金現価係数（4.5797）

演習問題

1. 利子率（6％）における1年後，2年後，3年後の現価係数を求めなさい（小数点第5位四捨五入）。

2. 利子率（3％）の場合における，4年後の70,000円の現在価値を，（1）現価係数を利用しない場合と，（2）現価係数を利用する場合により求めなさい（小数点第5位四捨五入）。

3. 割引率8％のときの4年後の①現価係数，②年金現価係数および空欄③・④の金額を下記の表から求めなさい。

「現価係数表」

	1%	2%	3%	4%	5%	6%	7%	8%	9%	10%
1年	0.9901	0.9804	0.9709	0.9615	0.9524	0.9434	0.9346	0.9259	0.9174	0.9091
2年	0.9803	0.9612	0.9426	0.9246	0.9070	0.8900	0.8734	0.8573	0.8417	0.8264
3年	0.9706	0.9423	0.9151	0.8890	0.8638	0.8396	0.8163	0.7938	0.7722	0.7513
4年	0.9610	③	0.8885	0.8548	0.8227	0.7921	0.7629	0.7350	0.7084	0.6830
5年	0.9515	0.9057	0.8626	0.8219	0.7835	0.7473	0.7130	0.6806	0.6499	0.6209

「年金現価係数表」

	1%	2%	3%	4%	5%	6%	7%	8%	9%	10%
1年	0.9901	0.9804	0.9709	0.9615	0.9524	0.9434	0.9346	0.9259	0.9174	0.9091
2年	1.9704	1.9416	1.9135	1.8861	1.8594	1.8334	1.8080	1.7833	1.7591	1.7355
3年	2.9410	2.8839	2.8286	2.7751	2.7232	④	2.6243	2.5771	2.5313	2.4869
4年	3.9020	3.8077	3.7171	3.6299	3.5460	3.4651	3.3872	3.3121	3.2397	3.1699
5年	4.8534	4.7135	4.5797	4.4518	4.3295	4.2124	4.1002	3.9927	3.8897	3.7908

4. 上記，練習問題3の現価係数表または年金現価係数表を利用して，下記①・②の問いに答えなさい。

① 利子率（8％）の場合における，5年後の150,000円の現在価値を求めなさい。

② 毎年，利子率（2％）で（4年間同額：60,000円）の現金収支がある場合における現在価値を求めなさい。

第6章　損益分岐分析（原価cost・営業量volume・利益profit）の分析

1 CVPの分析

　損益分岐分析とは，原価と営業量と利益の関係を分析し，企業の短期利益計画に役立てるために行うものである。ここに，損益分岐点とは，売上高と総原価が等しく営業利益がゼロであり，企業にとって最低限獲得しなければならない販売数量（利益）である。以下，損益分岐点，目標利益達成点，安全余裕率について説明を行う。

2 売上高，原価，利益の関係（一般商品売買：卸売業・小売業）

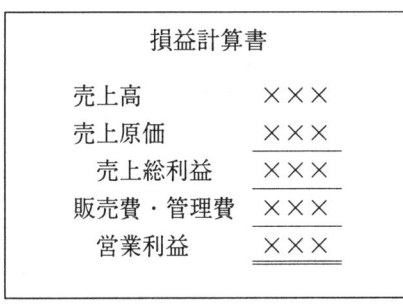

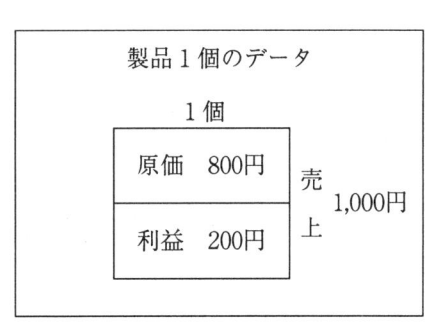

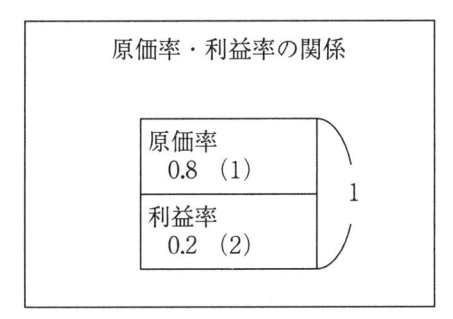

損益計算書	
売上高	×××
売上原価	×××
売上総利益	×××
販売費・管理費	×××
営業利益	×××

製品1個のデータ

1個	
原価　800円	売上 1,000円
利益　200円	

原価率・利益率の関係

原価率 0.8　(1)	
利益率 0.2　(2)	1

(1) $\dfrac{800円}{1,000円} = 0.8$

(2) $\dfrac{200円}{1,000円} = 0.2$

例題 1

上記の原価率,利益率の関係に基づいて,それぞれの金額を算出しなさい。

解 答

(単位:千円)

前提:売上が3,750千円の場合

C:3,750 × 0.8 = 3,000
B:3,750 × 0.2 =   750

前提:原価1,200千円の場合

A:1,200 ÷ 0.8 = 1,500
B:1,500 × 0.2 =   300

前提:利益が900千円の場合

A: 900 ÷ 0.2 = 4,500
B:4,500 × 0.8 = 3,600

3 売上高,原価,利益の関係(CVP関係の分析)

製造原価と販売費及び一般管理費を変動費と固定費に分類し,将来の原価や利益を予測する方法。

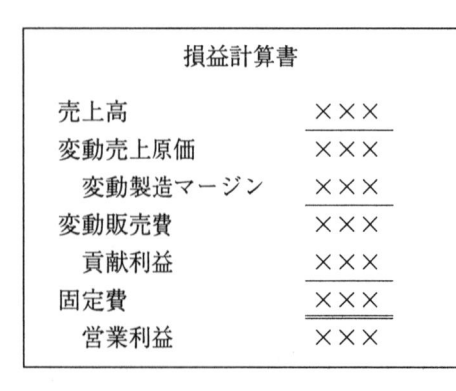

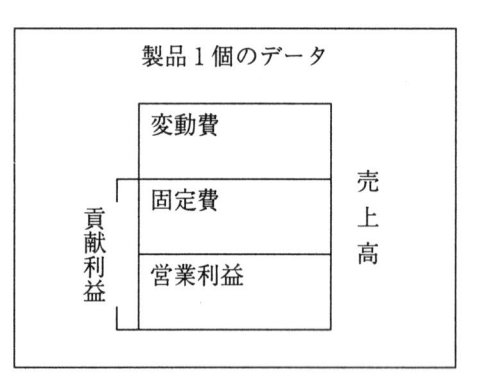

損益計算書	
売上高	×××
変動売上原価	×××
変動製造マージン	×××
変動販売費	×××
貢献利益	×××
固定費	×××
営業利益	×××

（1）損益分岐図表（具体例：製品1個，4個，8個）

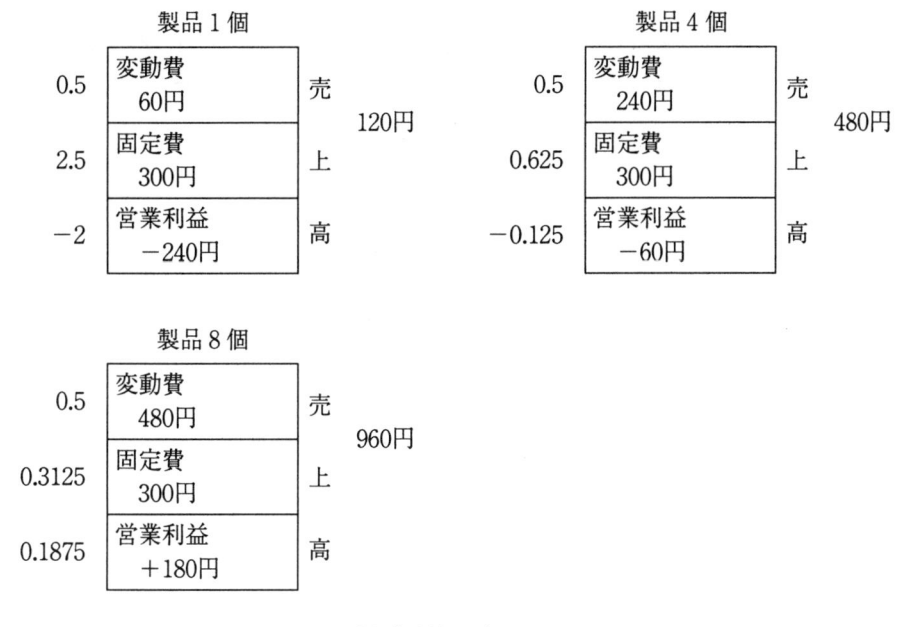

製品1個

0.5	変動費 60円	売
2.5	固定費 300円	上
−2	営業利益 −240円	高

120円

製品4個

0.5	変動費 240円	売
0.625	固定費 300円	上
−0.125	営業利益 −60円	高

480円

製品8個

0.5	変動費 480円	売
0.3125	固定費 300円	上
0.1875	営業利益 ＋180円	高

960円

損益分岐図表

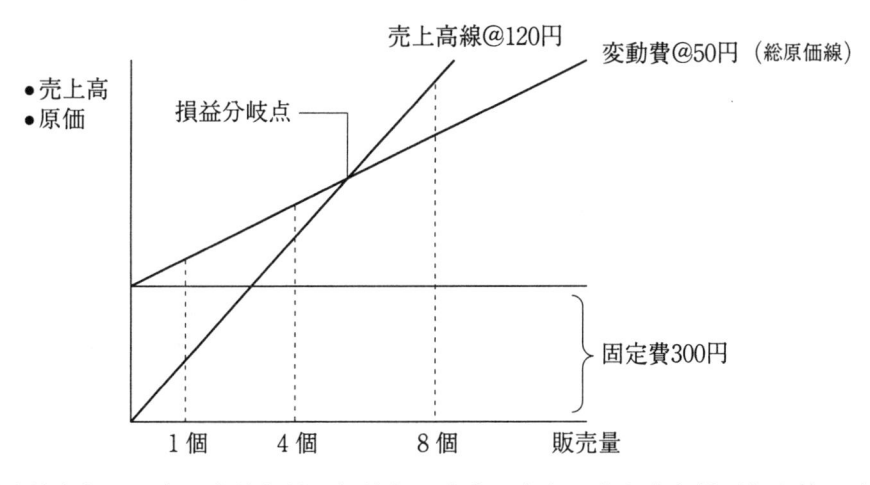

●売上高
●原価

売上高線＠120円
変動費＠50円（総原価線）
損益分岐点
固定費300円
1個　4個　8個　販売量

＊損益分岐点とは，売上高線と総原価線との交点であり，売上高と総原価が等しく営業利益がゼロとなる点である。

例題 2

A社は，製品の生産・販売を行っている。次期の利益計画の策定を下記（当期データ）に基づき行う。次期においても，販売価格，製品単位当たり変動費額および期間当たり固定費額は当期と同一であるとする。

当期データ

① 売上高：　　　　＠500 × 10,000個　　5,000,000円
② 原　価　変動費：＠200 × 10,000個　　2,000,000円
　　　　　　固定費：　　　　　　　　　　1,500,000円
③ 営業利益：　　　　　　　　　　　　　　1,500,000円

解　答

1個データ

貢献利益	変動費 200円	売上高 500円
	固定費 1,500,000円	
	営業利益	

	変動費	売上高 1
0.4	固定費 1,500,000円	
0.6	営業利益	

＊変動費率：＠200 ÷ ＠500 ＝ 0.4
＊貢献利益率：1 － 0.4 ＝ 0.6

① 損益分岐点売上・販売数量の算出方法

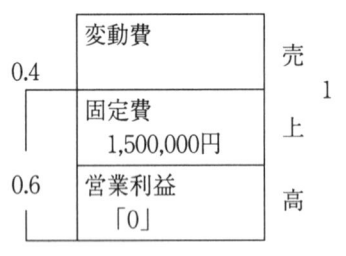

	変動費	売上高 1
0.4	固定費 1,500,000円	
0.6	営業利益「0」	

1,500,000円 ÷ 0.6 ＝ 2,500,000円　損益分岐点売上

2,500,000円 ÷ ＠500円 ＝ 5,000個　販売量

参考（計算式）

$$損益分岐点売上高 = \frac{固定費}{貢献利益率}$$

② 目標営業利益を達成するための売上高の算出方法（目標利益3,000,000円の場合）

	変動費	
0.4		売
	固定費 1,500,000円	上 1
0.6	営業利益 [3,000,000]円	高

1,500,000円 + 3,000,000円 = 4,500,000円
4,500,000円 ÷ 0.6 = 7,500,000円　売上高

参考（計算式）

$$\text{希望営業利益売上高} = \frac{\text{固定費} + \text{希望営業利益}}{\text{貢献利益率}}$$

③ 安全余裕率の算出方法

＊安全余裕率とは，現在の売上高が損益分岐点売上高をどれだけ上回っているかを示す数値であり，会社の業績の安全度を示す指標である。

	変動費	
0.4		売
	固定費 1,500,000円	上 1
0.6	営業利益 「0」	高

1,500,000円 ÷ 0.6 = 2,500,000円　損益分岐点売上

$$\frac{5,000,000円 - 2,500,000円}{5,000,000円} \times 100 = 50\%$$

参考（計算式）

$$\text{安全余裕率} = \frac{\text{現在の売上高} - \text{損益分岐点売上高}}{\text{現在の売上高}} \times 100$$

演習問題

1. 下記の文章の①から④に適切な言葉を記入し，文章を完成させなさい。

　　B社は，製品（販売単価@800円）を製造・販売している。製品の単位当たり変動費は240円，固定費は月に1,890,000円である。B社の損益分岐点における月間の販売数量は（　①　）個，同じく売上高は（　②　）である。月に490,000円の営業利益を上げるためには，製品を月に（　③　）個販売することになる。また，当月の売上高が6,000,000円の場合の安全余裕率は（　④　）％である。

2. 下記の文章の①から③に適切な言葉を記入し，文章を完成させなさい。

　　C社は，製品を製造・販売している。C社の変動費率は75％であり，固定費は月に1,200,000円である。C社の損益分岐点における月間の売上高は（　①　）であり，製品の販売単価が@2,000円であれば，販売数量は（　②　）個である。また，製品の月間販売数量が4,000個であれば，月間営業利益は（　③　）円である。

第7章　会計と職業会計人

1　税理士の概要

❶ 税理士制度の概要

　税理士とは，租税に関する法令に規定された納税義務の適正な実現を図り，税務に関する専門家として独立した公正な立場において，申告納税制度の理念にそって納税義務者の信頼に応えることを使命としている。

　昭和26年に税理士法が施行されて以来，税理士制度は時代の推移とともに変化する社会の要請に応えて，申告納税制度の定着と発展に寄与するとともに，納税義務の適正な実現，納税者に対する税知識の普及，国家財政の確保に大きな役割を果たしている。

図表7－1　税理士業務内容

（1）税務代理
　税務官公署（国税不服審判所を含む。）に対する税法や行政不服審査法の規定に基づく申告，申請，請求，不服申立てなど税務調査や処分に対する代理，代行を行う。

（2）税務書類の作成
　税務官公署に提出する申告書や申請書等の書類を作成することです。
　申告書など税務書類を作成して税務官公署に提出する場合は書類に署名押印する。

（3）税務相談
　税務官公署に対する申告や主張，陳述，申告書等の作成に関し，租税の課税標準等の計算に関する事項について相談に応ずる。

（4）会計業務
　税理士業務に付随して，財務書類の作成，会計帳簿の記帳の代行その他財務に関する事務を行う。

（5）租税に関する訴訟の補佐人
　租税に関する訴訟において訴訟代理人（弁護士）とともに出頭・陳述し，納税者を支援する。

2 税理士試験

税理士試験は，税理士となるのに必要な学識およびその応用能力を有するかどうかを判定することを目的として行われる。試験日は，毎年8月初旬に行われ，合格発表は12月中旬に公表される。

試験科目は，会計学に属する科目（簿記論および財務諸表論）の2科目と税法に属する科目（所得税法，法人税法，相続税法，消費税法または酒税法，国税徴収法，住民税または事業税，固定資産税）のうち受験者の選択する3科目（所得税法または法人税法のいずれか1科目は選択必修科目）について行われる。なお，税理士試験は科目合格制をとっており，受験者は一度に5科目を受験する必要はなく，1科目ずつ受験することもできる。

合格基準点は，各科目とも満点の60％である。合格科目が会計学に属する科目2科目および税法に属する科目4科目の合計5科目に達したとき合格者となる。

3 税理士の登録

税理士となる資格を有する者は，税理士試験合格者のほか，税理士法に定める一定の要件に該当する者として税理士試験を免除された者，弁護士（弁護士となる資格を有する者を含む）および公認会計士（公認会計士となる資格を有する者を含む）である。

これらの者が，税理士となるには，日本税理士会連合会に備える税理士名簿に登録しなければならない。また，税理士は，税理士法人を設立することができ，税理士法人を設立した場合には，日本税理士会連合会に届け出なければならない。

税理士または税理士法人でない者は，税理士業務を行うことはできない。これに違反すると罰則が適用される。ただし，国税局長に対して通知を行った弁護士および弁護士法人については，一定の条件のもとで税理士業務を行うことができる。

図表7－2 税理士登録者人数

年　度	登録者数（人）	年　度	登録者数（人）
昭和35（1960）年度	10,888	平成7（1995）年度	62,550
40（1965）年度	15,827	14（2002）年度	66,674
45（1970）年度	24,024	15（2003）年度	67,370
50（1975）年度	32,436	16（2004）年度	68,642
55（1980）年度	40,535	17（2005）年度	69,243
60（1985）年度	47,342	19（2007）年度	70,666
平成2（1990）年度	57,073	20（2008）年度	71,177

出所：国税庁ホームページ　税理士制度「税理士の登録」。

4 国税専門官の概要

❶ 国税専門官の役割

　国税専門官の仕事は，納税義務者である個人や会社等を訪問し，適正な申告が行われているかどうかの調査・検査を行う。また，定められた納期限までに納付されない税金の督促や滞納処分を行う。具体的には，国税専門官が従事する主な仕事は，国税調査官，国税徴収官，国税査察官である。

　国税調査官とは，所得税，法人税，相続税などの直接税および消費税，酒税などの間接税について，納税義務者である個人や会社等を訪問し，適正な申告が行われているかどうかの調査・検査である。

　国税徴収官とは，定められた納期限までに納付されない税金の督促や滞納処分を行うとともに，納税に関する指導を行う。

　国税査察官とは，裁判官から許可状を得て，大口・悪質な脱税者に対して捜索・差押等の強制調査を行い，刑事罰を求めるため告発を行う。

❷ 試験制度（公務員として必要な一般的な知識および知能についての筆記試験）

　第１次試験：６月初旬
　　教養試験（多枝選択式）　出題数：55題
　　　＜必須＞25題（時事３，文章理解８，判断・数的推理10，資料解釈４）
　　　＜選択＞30題（自然，人文，社会各10）から20題
　　専門試験（多枝選択式）　出題数：77題
　　　＜必須＞２科目（各７題）民法・商法，会計学（簿記を含む）
　　　＜選択＞９科目から４科目（各７題）憲法・行政法，経済学，財政学，経営学，政治学・社会学・社会事情，英語，商業英語，情報数学，情報工学
　　専門試験（記述式）
　　　　５科目（各１題）のうち１科目選択，憲法，民法，経済学，会計学，社会学
　第１次試験合格者発表日：７月初旬
　第２次試験：７月中旬
　　人物試験：人柄・対人的能力などについての個別面接
　　身体検査：主として胸部疾患（胸部エックス線撮影を含む），尿，その他一般内科系検査
　最終合格者発表日：８月下旬
　採用内定時期：10月以降　採用予定数　約1,100名

図表 7 − 3　国税専門官の採用状況

採用年度		17年度	18年度	19年度	20年度	21年度
採用状況	女性	209人	265人	227人	230人	275人
	男性	581人	651人	598人	815人	864人
	合計	790人	916人	825人	1,045人	1,139人
（参考）試験申込者数		18,266人	18,129人	16,041人	15,459人	15,256人

出所：国税庁ホームページ　国税専門官の採用状況。

❸ 採用後の研修および勤務について

　最終合格者は採用候補者名簿に記載され，各年の欠員状況等を考慮して，各国税局に財務事務官として採用される。勤務地である国税局の決定に当たっては，本人の希望が考慮されるが，合格者の希望が特定の国税局に集中した場合は，必ずしも希望どおりの採用とはならない。採用後は，専門官基礎研修として，税務大学校において約3カ月間の研修を受講し，続いて，全国にある地方研修所に分かれて約1カ月間の研修を受講する。その後，採用局管内の各税務署に配属され，約2年間の実務を経験したのち，税務大学校において約7カ月間の専科研修を受講する。

　また，海外勤務については，意欲，適性，能力等に応じ，海外勤務のチャンスもある。アメリカ，イギリス，フランス，オーストラリア，中国，シンガポールなどに，国税専門官が赴任しており，主として，海外税務情報の収集などの事務に従事している。そのほか，領事館や国際機関等でも活躍している。

5　公認会計士の概要

❶ 公認会計士とは

　公認会計士とは，市場の公正性・透明性の確保による投資家の信頼の向上を目指し，公認会計士制度に対する国際的な信認の確保，経済活動の複雑化，多様化，国際化に対応した監査を目指している。また，公認会計士は，国家資格であり主な業務内容は会計監査を行うことである。会計監査とは，企業の財務諸表（財政状態，経営状態）が適正であるかどうかを監査し，その内容について意見や指導を行う業務である。最終的には公認会計士や監査法人がその公正さを証明した財務諸表が一般に公開され，株主や投資家，債権者などはその財務諸表に基づいて投融資を行う。その他，会計業務，税務業務，コンサルティング業務がある。

　現在，公認会計士の職務は，日系企業にも連結決算や時価会計の導入などの国際会計基準が浸透し多忙な状態であるが，有資格者の数はまだまだ少ない状況にある。こうした現

状から，2006年より公認会計士試験が簡素化されることになり，受験資格の撤廃や試験段階の短縮などが行われた。これによって，将来的には年間2,000〜3,000人の合格者が見込まれている。

図表7－4　公認会計士業務内容

（1）監査業務
　　金融商品取引法に基づく監査・会社法に基づく監査
　　国や地方公共団体からの補助金を受けている学校法人の監査
（2）会計業務
　　財務書類の調製・会計制度，原価計算制度等の立案，指導，助言等
　　不正や誤謬を防止するための管理システム（内部統制組織）の立案，指導，助言等
　　資金管理，在庫管理，固定資産管理などの管理会計の立案，指導，助言等
（3）税務業務
　　企業および非営利法人への税務指導と税務申告・企業再編に伴う税務処理および財務調査
　　移転価格税制，連結納税制度などの指導・助言
　　海外現地法人，合弁会社設立を含む国際税務支援
　　税務相談，（法人税，所得税，事業税，住民税，相続税，贈与税，消費税等）
　　申告代理から税務官庁との交渉
（4）コンサルティング業務
　　会社の経営戦略，長期経営計画を通じたトップ・マネジメント・コンサルティング
　　実行支援業務（情報システム・生産管理システム等の開発と導入）
　　組織再編などに関する指導，助言，財務調査・企業再生計画の策定，検証
　　環境会計の指導，環境情報等の保証業務・株価，知的財産等の評価
　　情報システムの開発・保守および導入等の支援の開発
　　システム監査，システムリスク監査・システムコンサルティング
---

❷ 公認会計士試験制度

（1）目的および方法

　公認会計士試験は，公認会計士になろうとする者に必要な学識およびその応用能力を有するかどうかを判定することを目的として，短答式（マークシート方式）および論文式による筆記の方法により行われる。

（2）試験日・科目
　①　短答式試験　5月下旬　　短答式試験合格発表　6月下旬
　②　論文式試験　8月下旬　　論文式試験合格発表　11月中旬

【短答式試験】

必須科目	財務会計論	管理会計論	監査論	企業法

【論文式試験】

必須科目	会計学（財務会計論及び管理会計論）	監査論	企業法	租税法
選択科目（1科目）	経営学	経済学	民法	統計学

(3) 試験科目の分野および範囲

公認会計士試験においては，その受験者が公認会計士となろうとする者に必要な学識及び応用能力を備えているかどうかを的確に評価するため，知識を有するかどうかの判定に偏することなく，実践的な思考力，判断力等の判定が行われる。

【短答式試験および論文式試験共通の試験科目】

① 会計学

財務会計論（簿記・財務諸表論）

利害関係者の経済的意思決定に役立つ情報を提供することを目的とする会計の理論。

管理会計論（原価計算）

経営者の意思決定および業績管理に役立つ情報を提供することを目的とする会計の理論。

② 監査論

金融商品取引法および会社法に基づく監査制度および監査諸基準その他の監査理論

③ 企業法

会社法，商法，金融商品取引法，監査を受ける組合，その他の組織に関する法

【論文式試験のみの試験科目】

④ 租税法

法人税法，所得税法，租税法総論および消費税法，相続税法その他の租税法各論

⑤ 経営学（選択科目）

経営管理および財務管理の基礎的理論

⑥ 経済学（選択科目）

ミクロ経済学，マクロ経済学その他の経済理論

⑦ 民法（選択科目）

民法典第1編から第3編を主とし，第4編および第5編ならびに関連する特別法を含む。

⑧ 統計学（選択科目）

記述統計および推測統計の理論ならびに金融工学の基礎的理論

（4）合格基準
① 短答式試験

　総点数の70％を基準として，公認会計士・監査審査会が相当と認めた得点比率とする。ただし，1科目につき，その満点の40％に満たないもののある者は，不合格となることがある。

② 論文式試験

　52％の得点比率を基準として，公認会計士・監査審査会が相当と認めた得点比率とする。ただし，1科目につき，その得点比率が40％に満たないもののある者は，不合格となることがある。

（5）論文式試験の科目合格基準（期限つき科目免除基準）

　試験科目のうちの一部の科目について，同一の回の公認会計士試験における公認会計士試験論文式試験合格者の平均得点比率を基準として，公認会計士・監査審査会が相当と認めた得点比率以上を得た者を科目合格者（期限付き科目免除資格取得者）とする。

　　（注）当該科目については，合格発表の日から起算して2年を経過する日までに行われる論文式試験が，その申請により免除される。

（6）公認会計士の登録

　金融庁の公認会計士・監査審査会が実施する試験に合格した後，2年間の実務経験（業務補助または実務従事）と日本公認会計士協会が実施する実務補習を受け，修了考査に合格することが義務づけられている。その後，内閣総理大臣の確認を受けて「公認会計士登録」となる。公認会計士を呼称し，開業するためには，日本公認会計士協会に入会することが義務づけられている。

第8章　国際会計基準

1 財務諸表

　企業は，財務諸表（Financial Statements）を作成し，株主総会において株主に財務報告を行う必要があり，毎期の決算毎に投資家および利害関係者（株主，債権者，消費者，地域住民等）に対して財務諸表を公表しなければならない。財務諸表には，財政状態を明らかにする目的で作成される「貸借対照表（Balance Sheet，B/S）」と，経営活動においてどれだけの利益が算出されたのかを示すことにより，経営成績を明らかにする「損益計算書（Profit and Loss StatementまたはIncome Statement）」がある。また，資金の流れを，営業活動，投資活動，財務活動に区分して資金の出入りを示す「キャッシュ・フロー計算書（Statement of Cash flow）」がある。

2 会計基準

　会計は，複式簿記という会計固有の帳簿記入の仕組みを前提としている。ここに，会計基準とは，さまざまな取引に対応する会計処理のルールである。わが国では，財団法人「財務会計基準機構」に設置されている企業会計基準委員会（ASBJ：Accounting Standards Board of Japan）が基準および実践的なルールを公表している。

　会計ルールには，法律で規制される「金融商品取引法（旧証券取引法）」，「商法・会社法」，「法人税法」等と法律の規制を受けない「企業会計原則」がある。

　「金融商品取引法（旧証券取引法）」とは，投資家保護のために株式市場における証券の円滑な流通を監督する。「商法・会社法」とは，株主，債権者の利害を調整し企業の適切な運営を行うものである。「法人税法」とは，国の歳入を確保するために公正な課税所得を算出するものである。また，「企業会計原則」とは，実務の慣習として行われてきたものであり，共通ルールとしての公正妥当な会計慣行である。会計基準は，企業の経理を統一させ，財務諸表の信頼性を確保するために役立っている。

3 国際会計基準の必要性

　各国の会計基準は，国によって相違しており，会計基準は同じものではない。したがって，各国の会計基準に違いがあれば，その理由を検討し，それぞれの基準を対比し，より合理的な会計基準へと統合することが望まれる。これは，それぞれの国内だけでビジネスを行っている場合には問題はないが，外国企業との取引を行う場合には，国によって異なる会計基準で作成された財務諸表では問題が生じる。

　現在，国際会計基準委員会機構（IASCF：International Accounting Standards Committee Foundation）のなかにある国際会計基準審議会（IASB：International Accounting Standards Board）では，世界的に共通の会計基準の確立を目指して，国際財務報告基準（IFRS：International Financial Reporting Standards）を公表している。

　国際会計とは，米国（財務会計基準審議会FASB：Financial Accounting Standards Board），により作成される財務会計基準（SFAS：Statements of Financial Accounting Standards），英国の会計基準やIFRSの会計基準の動向や今後のあり方を考えるときに使われる言葉である。

4 国際会計の流れおよび現状

　国際会計は，1973年に会計基準の国際的調和化を目標として国際会計基準委員会（IASC）が創設された。2000年にはIFRSが国際証券監督者機構（IOSCO：International Organization of Securities Commissions）によりコアスタンダードとして承認され，2002年にはIASBとFASBが会計基準のコンバージェンス（統合化）に向けて合意（ノーウォーク合意）された。また，2005年にはIFRSの導入がEU域内の上場企業において義務化され，2009年にはEU域外の外国企業についてもIFRSもしくは同等な会計基準の導入が義務化されることになる。現在，100カ国以上がIFRSを導入している。今後，IFRSを中心として各国の会計基準が統合されることになると，世界中が1つの会計基準を採用することになる。

5 英文会計（国際会計検定）

（1）会計（Accounting）とは，企業活動を貨幣価値（お金という単位）によって記録することであり，簿記（Bookkeeping）により，企業の日々の活動を一定のルールに基づき帳簿に記録される。会計の目的は，財務諸表（Financial Statements），企業の経営成績（損益計算書：Income Statement(I/S)またはProfit and Loss Statement(P/L)）および財政

状態（貸借対照表：Balance Sheet（B/S））の定量情報を提供することである。

　今日，わが国の証券市場は多くの外国人投資家の投資対象となっており，企業は日本の会計基準に従って作成された財務諸表を英語等に翻訳してディスクロージャー（会計情報の開示）する必要があり，また，資金調達を外国証券市場において有価証券を発行し行うことが著しい数に上がっている。日本の会計基準による財務諸表を米国会計基準や国際会計基準に組み替えて英語でディスクロージャー（会計情報の開示）することが求められている。

（2）国際会計検定（BATIC）とは，米国の会計基準を中心とする国際会計理論を，どれだけ習得しているかを認定する検定制度である。ここに，BATIC（Bookkeeping and Accounting Test for International Communication）とは，「国際コミュニケーションのための簿記会計テスト」を意味している。国際会計検定は，1,000点満点で行われ，Subject 1（400点満点）では，英文財務諸表を作成するための英文簿記の技術を中心に出題される。また，Subject 2（600点満点）では，米国会計基準（国際会計基準）について学び，日本の会計基準で作られた財務諸表を米国基準に置き換えて英語で表示することが要求される。

6 英文会計の財務諸表（貸借対照表）

図表 8 − 1　Balance Sheet（B/S）

Assets	Liabilities・Debt capital
「Current assets」	「Current liabilities」
Cash	Accounts payable-trade
Petty cash	Accounts payable-others
Savings accounts	Notes payable
Checking accounts	Accrued expense
Time Deposit	Interest payable
（Marketable）Securities	Salaries payable
Accounts receivable-trade	Rent payable
Allowance for doubtful account	Dividends payable
Accounts receivable-others	Unearned revenue
Notes receivable	Unearned rent income
Inventory（Merchandise）	Unearned royalties
Computer	Accrued income Taxes
Office supplies	又はIncome tax payable
Accrued revenue	Advances from Customers
Interest receivable	Loans payable
Royalties receivable	
Prepaid expense	「Long-term liabilities」
Prepaid rent expense	「Noncurrent liabilities」
「Western jones」, Personal	Bonds payable
又は, Drawing	Mortage payable
「Fixed assets」	
「Property plant and equipment」	
Land	
Building	
Machinery	Stockholders equity
Delivery Equipment	Capital
Equipment	Owners equity
Furniture	Net assets
Accumulated Depreciation	Common stock
	Preferred stock
「Other assets」	Additionl paid-in capital
Patent	Retained earnings
Goodwill	

図表 8 − 2　貸借対照表

資　　産	負債・他人資本
「流動資産」	「流動負債」
現　金	買掛金
小口現金	未払金
普通預金	支払手形
当座預金	未払費用
定期預金	未払利息
有価証券	未払給料
売掛金	未払家賃
貸倒引当金（貸方）	未払配当金
未収金	前受収益
受取手形	前受賃貸料
棚卸資産	前受特許権使用料収益
コンピュータ	未払法人税
事務用消耗品	前受金
未収収益	借入金
未収利息	
未収特許権使用料収益	「固定負債」
前払費用	社　債
前払賃借料	担保借入金
引出金	
「固定資産」	
「有形固定資産」	
土　地	
建　物	株主資本（持分）
機械装置	資本（個人事業主）
車輌運搬具	所有者資本（持分）
設備，備品	純資産
家　具	資本金（普通株式）
減価償却累計額（貸方）	資本金（優先株式）
	資本剰余金
「その他資産」	利益剰余金
特許権	
のれん	

7 英文会計の財務諸表（損益計算書）

図表8-3 Income Statement (I/S)・Profit and Loss Statement (P/L)

Expenses	Revenue又はIncome
Purchase	Sales
Cost of goods sold	Rent income
Interest expense	Interest income
Rent expense	Interest revenue
Office supplies expense	Purchase return
Utilities expense	Purchase allowance
Travel expense	Purchase discount
又はTransportation	Fees income
Advertising expense	Service income
Insurance expense	Service fees
Income tax expense	Consulting fees
Sales retun	Cleaning income
Sales allowance	Income from delivery
Sales discount	Royalty income
Salaries expense	
Entertainment expense	
Depreciation expense	
Meeting expense	
Communication expense	
Telephone expense	
General expense	
Sales expense	
Postage	
Professional fees	
Freight	
Charity	
Miscellaneous expense	
Net income or Profit	
Net loss	

図表8-4　損益計算書

費　　　用	収　　　益
仕　入	売　上
売上原価	賃貸料収益
支払利息	受取利息
賃借料	受取利息
消耗品費	仕入返品
水道光熱費	仕入値引
旅費交通費	仕入割引
広告宣伝費	報　酬
支払保険料	サービス売上
税　金	サービス報酬
売上返品	コンサルティング報酬
売上値引	クリーニング代
売上割引	配送収入
支払給与	特許権使用料収益
交際費	
減価償却費	
会議費	
通信費	
電話代	
一般管理費	
販売費	
郵便料金	
専門家への手数料	
運　賃	
寄付金	
その他雑費	
純利益　または　利益	
純損失	

演習問題

1. 下記の文章の空欄①から⑪に，必要な用語（日本語・英語）を記入し完成させなさい。

　　財務諸表（　①　）には，財政状態を明らかにする目的で作成される「貸借対照表（　②　）」と，経営活動においてどれだけの利益が算出されたのかを示すことにより，経営成績を明らかにする「損益計算書（　③　または　④　）」がある。また，資金の流れを，営業活動，投資活動，財務活動に区分して資金の出入りを示す「キャッシュ・フロー計算書（　⑤　）」がある。

　　わが国では，財団法人「財務会計基準機構」に設置されている企業会計基準委員会（　⑥　）が会計基準および実践的なルールを公表している。現在，国際会計基準委員会機構（　⑦　）の中にある国際会計基準審議会（　⑧　）では，世界的に共通の会計基準の確立を目指して，国際財務報告基準（　⑨　）を公表している。また，米国では，財務会計基準審議会（　⑩　），により財務会計基準（　⑪　），が作成される。

2. 下記の貸借対照表および損益計算書の空欄に適切な単語（英文）を記入しなさい。

貸借対照表　Balance Sheet (B/S)

資　産　　　（　①　）	負　債　　　（　③　）
現　金　　　（　②　）	買掛金　　Accounts payable-trade
売掛金　　Accounts receivable-trade	未払金　　Accounts payable-others
未収金　　Accounts receivable-others	社　債　　Bonds payable
土　地　　Land	借入金　　（　④　）
建　物　　Building	
設備，備品等　Equipment	
家　具　　Furniture	
	株主資本（持分）　Stockholders equity
	資本（個人事業主）　（　⑤　）
	資本金（普通株式）　（　⑥　）

損益計算書　Income Statement (I/S) または Profit and Loss Statement (P/L)

費　用　　　（　⑦　）	収　益　　　（　⑩　）
仕　入　　　（　⑧　）	売　上　　　（　⑪　）
支払利息　　Interest expense	賃貸料収益　Rent income
賃借料　　Rent expense	受取利息　　Interest income
消耗品費　　Office supplies expense	
水道光熱費　Utilities expense	
旅費交通費　Travel expense	
広告費　　Advertising expense	
支払保険料　Insurance expense	
純利益　　　（　⑨　）	

第Ⅲ部

会計情報分析

第1章　企業に関する情報

1　会計情報と利害関係者

　株主は出資・投資のための資料や配当等を予測する判断材料として，銀行等の債権者は融資を行う際の判断資料として，取引先は取引の将来性やリスク等の信用力の判断材料として企業外部へ公表された会計情報を利用する。さらに，就職活動を行う者は，企業の将来性，給与や昇進等の待遇を知る判断材料として会計情報を利用する。

　また，経営者は，収益性の改善をはじめとする今後の経営方針決定に企業内部の会計情報を利用し，国や地方の公共機関は，所得税・法人税等の税額決定の基礎資料として会計情報を利用する。

　このように，企業を取り巻くステークホルダー（利害関係者）は，会計情報をその目的に従い，異なる形式で利用するのである。

2　企業に関する情報入手

　企業に関する情報は，企業のホームページ・新聞等，さまざまな媒体で公表されており，会計情報の内容や信頼度は異なる。

　たとえば，新聞は，最新の企業情報を簡単に得られるが，必要な情報が必ず記載されているとは限らない。一方，金融商品取引法によって規制会社に提出が義務づけられている有価証券報告書は，記載事項が定められており，一定の情報を入手することができる。しかし，新聞のように最新の情報が入手できるとは限らない。つまり，企業情報を有効に利用するためには，その目的に従い，必要な情報が記載されている方法を選択することが重要なのである。

　本章では，公認会計士による監査が行われることから信頼性が高く，情報量も豊富であるが，情報を有効に利用するためにはある程度の知識が必要となる有価証券報告書について説明することとする。

3 有価証券報告書

　有価証券報告書は，かつては紙を媒体としていたが，現在ではインターネットの普及により，比較的容易に入手することが可能となった。以下では，有価証券報告書の閲覧・インターネットでの入手方法について説明する。

❶ 閲　覧

　有価証券報告書の閲覧であるが，原本は関東財務（支）局および提出会社本社の所在地を管轄する財務局で，写しは提出会社の本店および主な支店や証券取引所の有価証券報告書閲覧室等で閲覧できる。

❷ EDINETの利用

　インターネットを利用し，容易に有価証券報告書を閲覧・入手することができる。これは，EDINET（Electronic Disclosure for Investors' NETwork）『金融商品取引法に基づく有価証券報告書等の開示書類に関する電子開示システム』と称されており，提出された有価証券報告書等の書類を利用時間の制限や閲覧手続きを要することなく，検索・閲覧が行えるシステムである。

　EDINETは，インターネットが使用可能な環境にあれば，容易かつ無料で有価証券報告書を入手・閲覧することができるが，閲覧可能な有価証券報告書等の年度が限られてしまうという欠点がある。EDINETで利用可能な有価証券報告書を超える年度の利用を希望する場合には，有料のデータベースを利用方法があるが，利用手続きが必要であり，利用料金も高額である。

4 EDINETを利用した有価証券報告書の入手方法

　EDINETを利用した有価証券報告書の入手方法の概要は次のとおりである。なお，詳細な利用方法は，https://info.edinet-fsa.go.jp/download/ESE140005.pdf（平成21年11月1日現在）を参照するとよい。

　① 下記ホームページアドレスにアクセスする。
　　　http://info.edinet-fsa.go.jp/（平成21年11月1日現在）
　② 提出書類検索結果画面において閲覧を希望する会社を検索する。
　③ 検索結果で表示される提出会社名から閲覧を希望する会社を選択して，閲覧する。

5 有価証券報告書の記載事項

　有価証券報告書は，まず，表紙に提出会社の会社名，代表者の氏名，所在地，連絡先や提出年月日等が記載されている。次に目次，続いて本文が記載されている。有価証券報告書の本文に記載される主たる事項と内容の概要は，次の通りである。

［本　文］
（１）企業の概況

　有価証券報告書を提出した会社の概略が記載されている。ここでは，提出会社グループ全体の概要を把握することができる。

　①　主要な経営指標等の推移

　提出した年度から直近5年間の売上高，利益（損失），純資産額，総資産額，自己資本比率等の提出会社の主要な経営指標をはじめとする情報が連結と個別に分けて記載されている。ここで提出会社の業績の概要に関する情報を得ることができる。

　②　沿　革

　提出会社の設立から事業年度末までの商号の変更，事業内容の変更，合併等の変遷が記載されている。ここでは，提出会社の沿革に関する情報を得ることができる。

　③　事業の内容

　提出会社および関係会社の事業内容や位置づけが記載されている。ここでは，提出会社グループ全体の関係や事業概要に関する情報を得ることができる。

　④　関係会社の状況

　関係会社それぞれの名称，規模，主要な事業内容等が記載されている。ここでは，提出会社と関係会社との関係の概要に関する情報を得ることができる。

　⑤　従業員の状況

　セグメント別の従業員数，提出会社の従業員数，平均年齢，平均勤続年数，平均年間給与等が記載されている。ここでは，提出会社の従業員に対する待遇等の概要に関する情報を得ることができる。

（２）事業の状況

　提出会社のグループにおける事業状況が記載されている。ここでは，提出会社の提出事業年度とその前事業年度の比較，今後の事業や業績の判断に必要な情報を得ることができる。

　①　業績等の概要

　提出会社の提出事業年度とその前事業年度のグループの状況，セグメント別の業績，キャッシュ・フローの状況等が記載されている。

② 生産，受注および販売の状況

　提出会社の提出事業年度の生産，受注，販売の実績が記載されており，それぞれの関係に関する情報を得ることができる。

　③ 対処すべき課題

　提出会社の抱えている課題の内容と対処法が記載されている。

　④ 事業等のリスク

　提出会社のリスクの内容とその影響，対応等が記載されている。

　⑤ 経営上の重要な契約等

　合併，株式交換，分割等，提出会社の経営に影響を及ぼす重要な契約に関する内容が記載されている。

　⑥ 研究開発活動

　研究開発に関して，その目的やその費用等が記載されている。

　⑦ 財政状態および経営成績の分析

　経営者による財政状態及び経営成績の分析が記載されている。ここでは，経営者が注視している事項を把握することができる。

（3）設備の状況

　提出会社のグループにおける提出時の設備，今後の設備の新設や除却に関する情報が記載されている。ここでは，設備投資の現状および今後に関する情報を得ることができる。

　① 設備投資等の概要

　設備投資に関して，その目的，内容，投資金額が記載されている。

　② 主要な設備の状況

　提出会社，国内子会社，在外子会社それぞれにおいて，主要な設備に関し，セグメント別に会社名，所在地，設備の内容，帳簿価額，従業員数が記載されている。

　③ 設備の新設，除却等の計画

　設備の新設，改修，除却，売却等の計画がある場合に，事業所名，所在地，設備の内容，完成年月日等が記載されている。

（4）提出会社の状況

　提出会社の株式等に関する情報が記載されている。提出会社への投資判断として重要な情報を得ることができる。

　① 株式等の状況

　株式の総数，新株予約権等の状況，発行済株式総数，資本金等の推移，所有者別状況，大株主の状況，議決権の状況，ストックオプション制度の内容等が記載されている。ここでは，提出会社の株式の状況や株主に関する情報を得ることができる。

② 自己株式の取得等の状況

自己株式の取得や消却等に関して記載されている。

③ 配当政策

経営者の配当に関する政策や配当性向等が記載されている。

④ 株価の推移

提出事業年度から直近5年間の株価および直近6カ月間の株価が記載されている。

⑤ 役員の状況

提出会社の役員の入社年月日や役員就任前の役職等が記載されている。

⑥ コーポレート・ガバナンスの状況等

会社の機関内容，内部統制システムおよびリスク管理体制の整備の状況，役員報酬の内容等が記載されている。

（5）経理の状況

有価証券報告書に記載される会計情報の最も重要な部分である。（1）企業の概況の①主要な経営指標等の推移では概要のみであったが，ここでは情報の詳細な情報が記載されている。

① 連結財務諸表等

連結財務諸表には，連結貸借対照表，連結損益計算書，連結株主資本等変動計算書，連結キャッシュ・フロー計算書，注記事項，連結附属明細表があり，これらが記載されている。また，連結財務諸表以外にも，リース取引関係等の事項が記載されている。ここでは，提出会社のグループ全体の経理状況を理解することができる。

② 財務諸表等

財務諸表とは提出会社の個別財務諸表である。財務諸表には，貸借対照表，損益計算書，製造原価明細書，株主資本等変動計算書，重要な会計方針，会計方針の変更，表示方法の変更，注記事項，附属明細表があり，これらが記載されている。また，財務諸表以外にも，主な資産および負債の内容やリース取引関係等の事項が記載されている。

（6）提出会社の株式事務の概要

提出会社の株式に関する事務概要が記載されている。

（7）提出会社の参考情報

（8）提出会社の保証会社等の情報

[監査報告書]
　提出された有価証券報告書が信頼に足るものであるということに関して，有価証券報告書提出会社以外の独立した会計監査人の意見が記載される。

6 財務諸表

　有価証券報告書で得られる会計情報で最も重要な部分は，「経理の状況」であることはすでに説明した。そして，ここで記載されている財務諸表の中核をなすのが，貸借対照表，損益計算書，キャッシュ・フロー計算書である。
　これらのうち，貸借対照表と損益計算書の関係を示したものが図表1－1である。

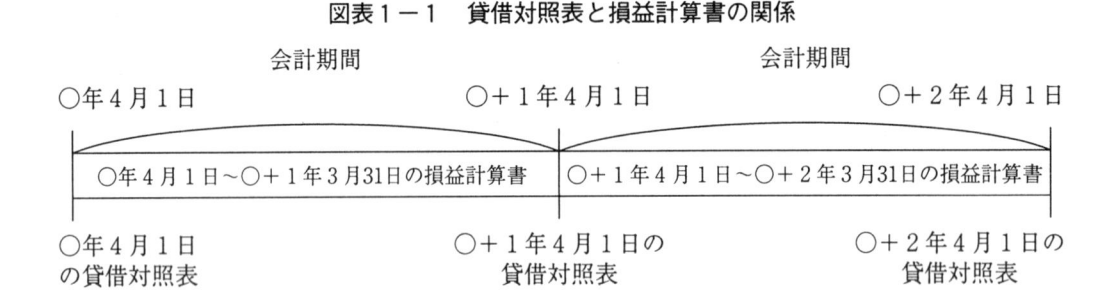

図表1－1　貸借対照表と損益計算書の関係

```
         会計期間                            会計期間
○年4月1日            ○+1年4月1日              ○+2年4月1日
├──────────────────┼──────────────────┤
│○年4月1日～○+1年3月31日の損益計算書│○+1年4月1日～○+2年3月31日の損益計算書│
├──────────────────┼──────────────────┤
○年4月1日           ○+1年4月1日の            ○+2年4月1日の
の貸借対照表          貸借対照表                貸借対照表
```

　財務諸表を作成する場合には，計算期間である「会計期間」を定める。そして，その会計期間の始めと終わりで作成することで企業にどれだけの財産があるか，借金があるか等，企業の財政状態を示す財務諸表が貸借対照表である。一方，会計期間の間にどれだけ利益を獲得したか，またはどれだけの損失が生じたかという会社の経営成績示す財務諸表が損益計算書である。
　つまり，貸借対照表は○年○月○日というある日の財政状態を示す財務諸表であるのに対し，損益計算書は○年○月○日～○年○月○日という期間の経営成績を示す財務諸表なのである。しかし，現金主義ではなく，実現主義に基づき作成・公表されている貸借対照表と損益計算書では現金の流れに関する情報を得ることが難しい。そこで必要となる財務諸表がキャッシュ・フロー計算書なのである。

第2章　損益計算書から得られる情報

1　損益計算書

　損益計算書とは，一定期間の経営成績を示す財務諸表である。その構成要素である収益・費用の意義や分類については，すでに本書第Ⅰ部第6章「損益計算書」で解説されていることから省略することとし，ここでは損益計算書からどのような情報を得ることができるのか，主要なものに関して事例を用いて説明する。

　損益計算書の利益構造を簡単に示したものが図表2－1である。まず，企業の商品やサービスの提供によって得られる売上げによる収益が売上高となる。そして，売上高から商品やサービスの提供に必要な商品製造の製造コストや仕入れコスト（売上原価）を差し引いたものが売上総利益であり，さらに売上総利益から商品やサービス提供のために必要な広告宣伝費等の販売コストや管理コスト（販売費及び一般管理費）を差し引いたものが営業利益となる。営業利益は，企業がその主たる事業から得た利益を表す。

　営業利益に，企業の主たる営業以外から生じた収益や費用のうち，受取利息や受取配当金等（営業外収益）を加算し，支払利息等（営業外費用）を減算したものが経常利益となり，これは企業の経常的な経営の成果を表す利益を表す。

　経常利益に，企業の主たる営業以外から生じた収益や費用のうち，建物を売ることによ

図表2－1　損益計算書の利益構造

	売　　上　　高
売　上　高　－　売　上　原　価　＝	売　上　総　利　益　｜売上原価｜
売上総利益　－　販売費及び一般管理費　＝	営　業　利　益　｜販売費及び一般管理費｜
営業利益　＋　営業外収益　－　営業外費用　＝	経　常　利　益
経　常　利　益　＋　特　別　利　益　－　特　別　損　失　＝	法人税等調整前当期純利益
法人税等調整前当期純利益－法人税等　＝	当期純利益

って得た利益である固定資産売却益等の臨時的な収益（特別利益）を加算し，火災等で焼失した商品の損失である災害損失等の臨時的な損失（特別損失）を減算したものが法人税等調整前当期純利益となる。

最後に，法人税等調整前当期純利益から法人税等を減算した利益が当期純利益となり，企業の最終的な利益を表すのである。

2 損益計算書から得られる情報

損益計算書の利益構造から，企業の利益獲得の特徴を判断することができる。巻末の資料１の東京株式会社の利益構造を図で示したものが図表２－２，資料２の新宿株式会社の利益構造を図で示したものが図表２－３である。

図表２－２　東京株式会社の利益構造

売上高	2,000,000		
売上総利益	500,000	売上原価	1,500,000
営業利益	300,000	販管費	200,000
経常利益	299,000		
法人税等調整前当期純利益	298,500		
当期純利益	181,500		

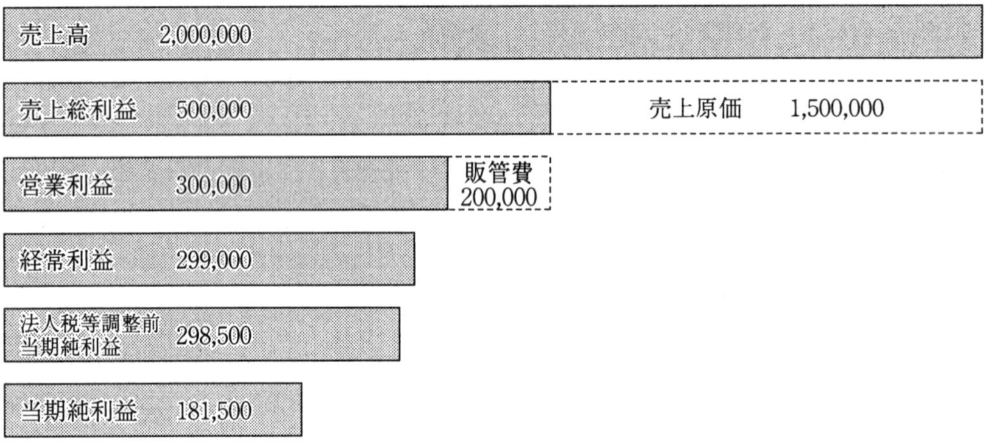

図表２－３　新宿株式会社の利益構造

売上高	2,000,000		
売上総利益	1,500,000	売上原価	500,000
営業利益	50,000	販管費	1,450,000
経常利益	196,500		
法人税等調整前当期純利益	116,500		
当期純利益	55,500		

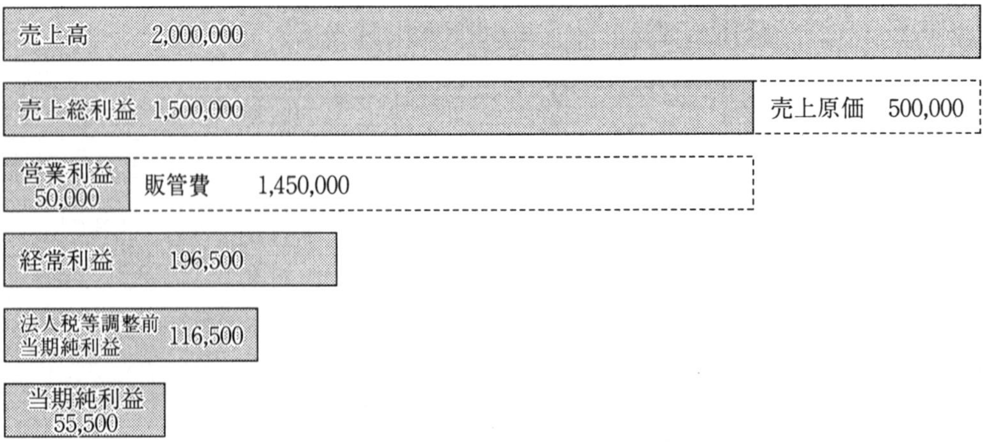

❶ 売上高営業利益率

　図表2－2と図表2－3を比較することで，東京株式会社，新宿株式会社とも売上高は2,000,000円で同じであるが，その後の利益構造が異なることが理解できる。

　東京株式会社は売上原価が1,500,000円のため，売上高2,000,000円から売上原価を減算した売上総利益は500,000円である。これに対し，新宿株式会社の売上原価は500,000円と東京株式会社の3分の1であるため，売上高2,000,000円から売上原価を減算した売上総利益は1,500,000円である。

　しかし，新宿株式会社は，販売費及び一般管理費が大きく1,450,000円であるため，売上総利益1,500,000円から販売費及び一般管理費を減算した営業利益は50,000円と利益を圧縮している。一方，東京株式会社は，売上総利益は新宿株式会社よりも少なく500,000円であったものの，販売費及び一般管理費が200,000円であるため，売上総利益から販売費及び一般管理費を減算した営業利益は300,000円と新宿株式会社よりも大きくなっている。

　同じ売上高の2社ではあるが，商品やサービスを提供するために必要なコストである売上原価や商品や，サービスを販売するために必要なコストである販売費及び一般管理費の多少により，企業の主たる営業活動から生じる利益が異なっている。つまり，単に売上高の比較だけでは，企業の主たる営業活動から生じる利益に関する情報を得ることは難しいことがわかるであろう。

　このように，企業の主たる営業活動から獲得した利益に関する情報を得るために，図表2－2や図表2－3のような図を作成するは煩雑である。そこで，売上高における営業利益の割合を求めることで，容易に主たる営業活動から獲得した利益に関する情報を得ることが可能となる。これが売上高営業利益率であり，次の算式で求められる。主たる営業活動から生じる利益は大きいほど成功しているのであるから，売上高営業利益率は大きいほどよい企業であると判断できる。

〈売上高営業利益率〉

$$売上高営業利益率 = \frac{営業利益}{売上高} \times 100 \ (\%)$$

　資料1の東京株式会社および資料2の新宿株式会社の資料からの売上高営業利益率を算出すると，東京株式会社が15.0％，新宿株式会社が2.5％となる。つまり，売上高営業利益率は，新宿株式会社より東京株式会社のほうが大きく，主たる営業活動から得られた利益が大きいと判断できる。

[東京株式会社]

$$\frac{300,000}{2,000,000} \times 100 = 15.0\%$$

[新宿株式会社]

$$\frac{50,000}{2,000,000} \times 100 = 2.5\%$$

❷ 総収益当期純利益率

　企業の経営を総合的に判断するには，主たる営業活動以外の活動を判断することも重要である。東京株式会社は，営業利益が300,000円であるのに対し，経常利益は299,000円，税引前当期利益は298,500円，当期純利益は181,500円と，損失が生じているわけではなく，営業外経営活動が特別に悪いわけでも良いわけでもないことが理解できる。

　これに対し，新宿株式会社は，営業利益が50,000円であるのに対し，経常利益は196,500円，税引前当期利益は116,500円，当期純利益は55,500円と，営業利益よりも経常利益が大きくなっており，経常的に行われる営業外活動からも利益を得ていると判断できる。

　このように，企業の全体的な収益性は，損益計算書の売上高，営業外収益，特別利益の合計に占める当期純利益の割合で判断することができる。これが総収益当期純利益率となり，次の算式で求められる。ここでは，当期純利益算出の過程でそれぞれ費用が減算されるため，総収益を把握するためには，売上高に営業外収益および特別利益を加算しなければならない。

〈総収益当期純利益率〉

$$総収益当期純利益率 = \frac{当期純利益}{総収益（売上高＋営業外収益＋特別利益）} \times 100 \ (\%)$$

　資料1東京株式会社および資料2新宿株式会社の資料から総収益当期純利益率を算出すると，東京株式会社が9.0％，新宿株式会社が2.5％であり，最終的な収益性を判断すると東京株式会社のほうが大きいことが理解できる。

[東京株式会社]

$$\frac{181,500}{2,000,000 + 18,000 + 1,000} \times 100 = 9.0\% \ （小数点第1位未満四捨五入）$$

[新宿株式会社]

$$\frac{55,500}{2,000,000 + 178,500 + 20,000} \times 100 = 2.5\% \ （小数点第1位未満四捨五入）$$

演習問題

1. EDINET（http://info.edinet-fsa.go.jp）を活用し，有価証券報告書を2社選択しなさい。その2社の有価証券報告書における損益計算書から，次の図を作成しなさい。

   [企業名：　　　　　　　　]

   | 売上高　　　　　　（　　　　　） |
   | 売上総利益　　（　　　　）　　　　　　　売上原価（　　　） |
   | 営業利益　　（　　　　）　　販管費（　　） |
   | 経常利益　　（　　　　） |
   | 法人税等調整前当期純利益（　　　） |
   | 当期純利益　　（　　　） |

   [企業名：　　　　　　　　]

   | 売上高　　　　　　（　　　　　） |
   | 売上総利益　　（　　　　）　　　　　　　売上原価（　　　） |
   | 営業利益　　（　　　　）　　販管費（　　） |
   | 経常利益　　（　　　　） |
   | 法人税等調整前当期純利益（　　　） |
   | 当期純利益　　（　　　） |

2. 1.から企業の利益の構造について説明しなさい。
3. 1.から売上高営業利益率を求め，どちらの企業が良い状態にあるか判断しなさい。

第３章　貸借対照表から得られる情報

1 貸借対照表

　貸借対照表とは，一定時点の財産状態を示す財務諸表である。また，その構成要素である資産・負債・純資産の詳細な意義や分類については，すでに本書第Ⅰ部第７章「貸借対照表」で解説済みであることから省略することとし，ここでは貸借対照表からどのような情報を得ることができるのか，主要な情報に関して事例を用いて説明する。

　まず，貸借対照表の関係を簡単に示したものが図表３－１である。貸借対照表では，「会社はお金をどのように集めているか」という調達源泉（負債・純資産）と，「集めたお金をどのように使っているか」という運用形態（資産）に関する情報を得ることができる。そして，調達源泉のうち，将来返済しなければならない他人から借りて集めた他人資本が負債，返済義務のない自らが集めた自己資本が純資産である。

図表３－１　貸借対照表の関係

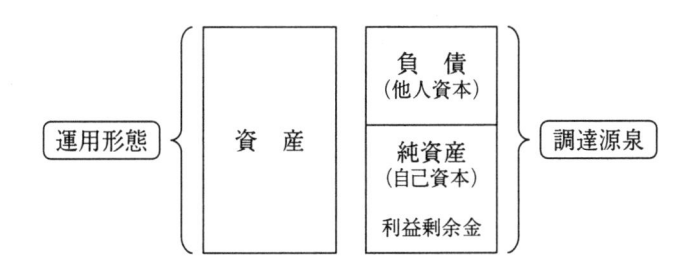

運用形態 ｛ 資　産 ｝ ｛ 負　債（他人資本） ／ 純資産（自己資本）／ 利益剰余金 ｝ 調達源泉

2 負債・純資産から得られる情報

❶ 自己資本比率

　調達源泉は，将来返済しなければならない他人資本の負債と返済不要な自己資本の純資産とに分けられるのだが，両者を合計したものが総資本となる。そして，しばしば企業の

状況を判断する材料として，総資本に占める自己資本の割合を示す自己資本比率が用いられる。自己資本比率とは，次の算式で求められ，自己資本比率が高い会社ほど良い状態にあると判断できるのである。

〈自己資本比率算式〉

$$自己資本比率 = \frac{自己資本}{負債 + 純資産} \times 100 \ (\%)$$

巻末の資料1の東京株式会社および資料2の新宿株式会社の貸借対照表から作成した図が，図表3－2である。

図表3－2　東京株式会社および新宿株式会社の調達源泉

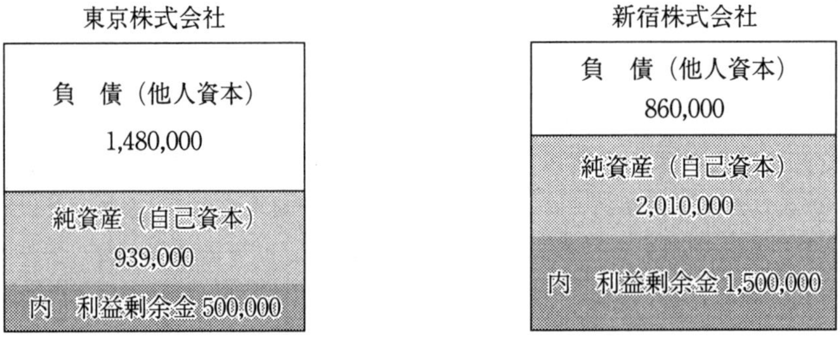

東京株式会社

| 負　債（他人資本） |
| 1,480,000 |
| 純資産（自己資本） |
| 939,000 |
| 内　利益剰余金 500,000 |

新宿株式会社

| 負　債（他人資本） |
| 860,000 |
| 純資産（自己資本） |
| 2,010,000 |
| 内　利益剰余金 1,500,000 |

この図から，東京株式会社は，負債の合計が1,480,000円，純資産の合計が939,000円であり，返済不要な自己資本よりも返済が必要な他人資本のほうが大きいことがわかる。また，自己資本比率は，38.8％となる。

［東京株式会社］

$$\frac{939,000}{2,419,000} \times 100 = 38.8\% \ （小数点第1位未満四捨五入）$$

しかし，東京株式会社の自己資本比率だけをみても，企業の状態の良し悪しを判断できない。そこで，新宿株式会社と比較してみることにする。

［新宿株式会社］

$$\frac{2,010,000}{2,870,000} \times 100 = 70.0\% \ （小数点第1位未満四捨五入）$$

新宿株式会社は，負債合計が860,000円，純資産合計が2,010,000円であり，他人資本よりも自己資本のほうが大きく，自己資本比率は70.0％である。この新宿株式会社の自己資本比率70.0％と東京株式会社の自己資本比率38.8％とを比較すると，新宿株式会社のほう

が高い。自己資本比率が高いということは，総資本に占める返済不要な自己資本の割合が高いということであり，東京株式会社より新宿株式会社の方がよい状態であると判断できる。

❷ 純資産負債比率

　企業が将来返済しなければならない負債と返済不要な純資産の割合を求め，そのバランスから企業の長期の安全性が判断できる。これは，純資産負債比率であり，次の算式で求められる。将来返済を要する負債よりも返済不要な純資産が大きいということは，長期の安全性が確保できていると判断できるため，100％以下であることが良いとされている。

〈純資産負債比率算式〉

$$純資産負債比率 = \frac{負\ 債}{純資産} \times 100\ (\%)$$

　資料1および資料2より，東京株式会社と新宿株式会社の純資産負債比率を比較してみると，東京株式会社は157.6％，新宿株式会社は42.8％であり，東京株式会社よりも新宿株式会社のほうが長期の安全性が高いと判断できる。

［東京株式会社］

$$\frac{1{,}480{,}000}{939{,}000} \times 100 = 157.6\%\ (小数点第1位未満四捨五入)$$

［新宿株式会社］

$$\frac{860{,}000}{2{,}010{,}000} \times 100 = 42.8\%\ (小数点第1位未満四捨五入)$$

❸ 利益剰余金

　純資産における項目で特に注目しなければならないのが利益剰余金である。利益剰余金は，企業が集めたお金を運用し，利益を上げた場合にはプラスになる。つまり，会社の経営が成功していると利益剰余金の額は大きくなり，経営が困難な状況に陥っていると利益剰余金の額は小さくなるのである。

　東京株式会社と新宿株式会社の利益剰余金の額を比べてみると，東京株式会社の利益剰余金の額は500,000円であるのに対し，新宿株式会社はその3倍の1,500,000円である。つまり，新宿株式会社のほうが過去の経営の結果獲得した利益が多いと判断できるのである。

3 資産・負債・純資産から得られる情報

　調達源泉の会計情報から，長期の安全性や過去の経営に関する情報を得ることができるが，短期の安全性を判断することは困難である。そこで，資産を利用することで短期の安全性を判断する。

　短期間での回収が予定されている流動資産が，短期間で返済が予定されている流動負債よりも大きければ，短期の安全性があると判断できる。これが流動比率であり，次の算式で求められる。

　短期の安全性を示す流動比率は，100％以上であれば，短期間での返済が予定されている負債よりも短期間で回収が予定されている流動資産が大きいことを示すため，100％がその判断の基準となる。しかし，流動資産には，すぐに回収することが困難な棚卸資産も含まれるため，一般には200％以上にあると良い状態にあると判断できる。

〈流動比率算式〉

$$流動比率 = \frac{流動資産}{流動負債} \times 100 \ (\%)$$

　資料1および資料2から東京株式会社と新宿株式会社の流動比率を計算し，比較してみる。東京株式会社の流動比率は114.7％，新宿株式会社の流動比率は242.9％であり，両者とも短期的な安全性は確保できているが，新宿株式会社のほうがより安全性が高いことと判断できる。

［東京株式会社］

$$\frac{1,009,000}{880,000} \times 100 = 114.7\% \ (小数点第1位未満四捨五入)$$

［新宿株式会社］

$$\frac{1,506,000}{620,000} \times 100 = 242.9\% \ (小数点第1位未満四捨五入)$$

演習問題

1. EDINET（http://info.edinet-fsa.go.jp）を活用し，有価証券報告書を2社選択しなさい。その2社の有価証券報告書における貸借対照表から，次の図を作成しなさい。

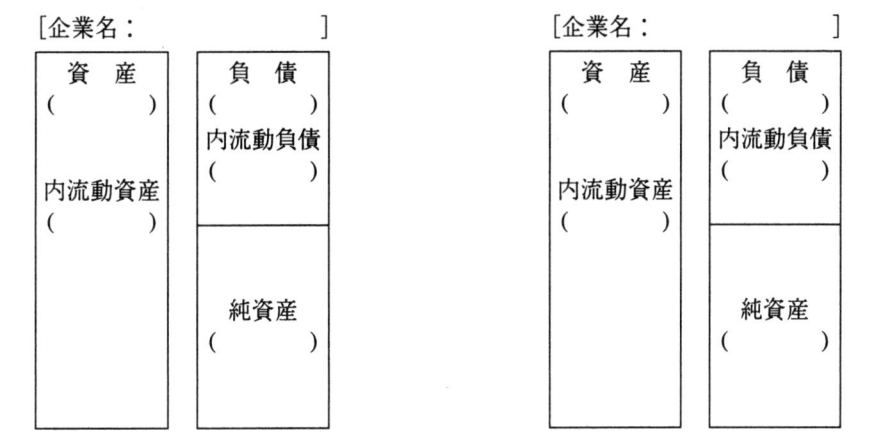

　　　　［企業名：　　　　　　　］　　　　　　　［企業名：　　　　　　　］

資　産 (　　　) 内流動資産 (　　　)	負　債 (　　　) 内流動負債 (　　　) 純資産 (　　　)	資　産 (　　　) 内流動資産 (　　　)	負　債 (　　　) 内流動負債 (　　　) 純資産 (　　　)

2. 1.から自己資本比率を求め，どちらの企業がよい状態にあるか判断しなさい。
3. 1.から純資産負債比率を求め，長期の安全性を判断しなさい。
4. 1.から流動比率を求め，短期の安全性を判断しなさい。

第4章 損益計算書および貸借対照表から得られる情報

1 損益計算書と貸借対照表の両財務諸表の利用

　損益計算書と貸借対照表の2つの財務諸表を同時に利用することで，損益計算書，貸借対照表のいずれかの財務諸表では得られない情報を得ることができる。ここでは，両財務諸表を利用することでどのような情報を得ることができるのか，主要なものに関して事例を用いて説明する。

2 損益計算書と貸借対照表の両財務諸表から得られる情報

❶ 株主資本当期純利益率（ROE：Return On Equity）

　株主が投資の判断をする場合，すでに投資している株主が現在の企業の状態から投資した資本が効率的に活用されているか否かを判断することが必要となる。この株主から調達した株主資本が企業で効率的に活用されたか否かを判断する指標として，株主資本当期純利益率（ROE：Return On Equity）がある。株主資本当期純利益率は，当期純利益を株主資本で除した指標で，次の算式で求められる。株主資本が効率的に活用された場合には，株主資本当期純利益率（ROE）は高い値となり，より高いほうが効率的に活用されたと判断できる。

〈株主資本当期純利益率（ROE）〉

$$\text{株主資本当期純利益率（ROE）} = \frac{\text{当期純利益}}{(\text{期首株主資本} + \text{期末株主資本}) \div 2} \times 100 \text{（％）}$$

　巻末の資料1および資料2から求められる東京株式会社と新宿株式会社の株主資本当期純利益率（ROE）は，東京株式会社が20.9％，新宿株式会社が2.8％である。したがって，東京株式会社は新宿株式会社よりも株主資本を効率的に活用していたと判断できる。

[東京株式会社]

$$\frac{181,500}{(900,000 + 834,000) \div 2} \times 100 = 20.9\% \text{（小数点第1位未満四捨五入）}$$

[新宿株式会社]

$$\frac{55,500}{(2,000,000 + 1,980,000) \div 2} \times 100 = 2.8\% \text{（小数点第1位未満四捨五入）}$$

❷ 総資産当期純利益率（ROA：Return On Assets）

　企業の資産が効率的に活用されたか否かを判断する指標として，総資産当期純利益率（ROA：Return On Assets）がある。総資産当期純利益率は，当期純利益を総資産で除した指標で，次の算式で求められる。総資産当期純利益率（ROA）は，高いほうが効率的に活用されたと判断できる。

〈総資産当期純利益率〉

$$\text{総資産当期純利益率（ROA）} = \frac{\text{当期純利益}}{(\text{期首総資産} + \text{期末総資産}) \div 2} \times 100 \text{（％）}$$

　資料1および資料2から求められる東京株式会社と新宿株式会社の総資産当期純利益率（ROA）は，東京株式会社が7.2％，新宿株式会社が2.3％である。したがって，東京株式会社は新宿株式会社より資産を効率的に活用していたと判断できる。

[東京株式会社]

$$\frac{181,500}{(2,600,000 + 2,419,000) \div 2} \times 100 = 7.2\% \text{（小数点第1位未満四捨五入）}$$

[新宿株式会社]

$$\frac{55,500}{(2,000,000 + 2,870,000) \div 2} \times 100 = 2.3\% \text{（小数点第1位未満四捨五入）}$$

演習問題

1. EDINET（http://info.edinet-fsa.go.jp）を活用し，有価証券報告書を2社選択しなさい。その2社の有価証券報告書における損益計算書および貸借対照表から次の指標を求め，比較しなさい。
    ① 株主資本当期純利益率（ROE）
    ② 総資産当期純利益率（ROA）

第5章　キャッシュ・フロー計算書

1　キャッシュ・フロー計算書

　順調に利益を上げている企業でも、その利益が現金等で回収されず、売掛金や受取手形の状態である場合、商品やサービスの購入するための資金が不足する。そして、回収の遅れが資金不足を招き、新たな資金調達をも困難な状態に陥った場合、損益計算書や貸借対照表では利益があがっていても、倒産に追い込まれる企業も少なくない。これが黒字倒産である。

　そこで、黒字倒産を予測するためにも、貸借対照表や損益計算書では得ることが難しい現金および現金同等物（現金と同等に扱われるもの）の流れを開示し、企業の資金状態を示す財務諸表が必要となる。この財務諸表がキャッシュ・フロー計算書なのである。キャッシュ・フロー計算書は、営業活動によるキャッシュ・フロー、投資活動によるキャッシュ・フロー、財務活動によるキャッシュ・フローの3つに区分され、主に図表5－1のような内容が開示される。

図表5－1　キャッシュ・フロー計算書の区分と開示内容

Ⅰ　営業活動によるキャッシュ・フロー 　・投資活動によるキャッシュ・フローおよび財務活動によるキャッシュ・フロー含まれない資金の流れを開示する 　・損益計算書の営業活動とは異なる
Ⅱ　投資活動によるキャッシュ・フロー 　・有価証券の購入・売却による資金の流れ、機械等の資産の購入による資金の流れ等、企業の投資に関する資金の流れを開示
Ⅲ　財務活動によるキャッシュ・フロー 　・株式や社債の発行による資金の流れ、銀行の借入れによる資金の流れ等、企業の財務活動に関する資金の流れを開示する

　ここでは、損益計算書や貸借対照表では得られない情報でも、キャッシュ・フロー計算書を利用することで得ることが可能となる主要な情報に関して、事例を用いて説明する。

2 キャッシュ・フロー計算書から得られる情報

　キャッシュ・フロー計算書を利用することで，企業の資金がどのような活動の結果もたらされたのか，もしくはマイナスになったのかを理解し，企業の状態を判断することが可能となる。たとえば，図表5－2の企業のキャッシュ・フロー計算書から企業の状態を判断する。

図表5－2　キャッシュ・フロー計算書の区分とキャッシュの状態

	A社	B社	C社
営業活動による キャッシュ・フロー	500,000	500,000	△70,000
投資活動による キャッシュ・フロー	100,000	△10,000	△10,000
財務活動による キャッシュ・フロー	20,000	30,000	△20,000

　A社は，営業活動によるキャッシュ・フロー，投資活動によるキャッシュ・フロー，財務活動によるキャッシュ・フローのいずれの区分でもプラスになっており，資金繰りがよい状態にあると判断できる。

　B社は，投資活動によるキャッシュ・フローがマイナスとなっている。企業規模の拡大を考える企業は設備投資を行うことも多く，投資活動によるキャッシュ・フローがマイナスであることが必ずしも企業の資金繰り悪化に直結するとは限らない。そして，B社は，営業活動によるキャッシュ・フロー，財務活動によるキャッシュ・フローがプラスであり，本業である営業活動で資金を獲得していることから営業活動は成功しており，かつ，財務活動でも資金を獲得しおり，将来的に成長する可能性が高いと判断できる。

　C社は，営業活動によるキャッシュ・フローがマイナスの状態にあり，営業活動で得られる資金よりも仕入れ等で出ていく資金のほうが大きく，本業以外の活動で資金を獲得しなければならない状態にある。そして，投資活動によるキャッシュ・フロー，財務活動によるキャッシュ・フローも，ともにマイナスであり，資金繰りが非常に厳しい状態にあると判断できる。この状態が続けば，将来，資金繰りが悪化し，倒産に陥ることが予測される。

❶ 当期純利益対キャッシュ・フロー比率

　損益計算書に示される当期純利益は，企業の経営活動の成果としての利益を示すが，そ

の利益が必ずしも資金の増加に結びついているとは限らない。そこで，キャッシュ・フロー計算書を利用し，当期純利益に対する資金の増減に関する情報を得ることで，企業の資金状態を判断することが可能となる。これが，当期純利益対キャッシュ・フロー比率であり，次の算式で求められる。当期純利益対キャッシュ・フロー比率は，100％超であれば当期純利益が資金の増加に結びついているが，100％以下であれば資金の増加には結びついていないと判断できるのである。

〈当期純利益対キャッシュ・フロー比率〉

$$当期純利益対キャッシュ・フロー比率 = \frac{キャッシュ・フロー}{当期純利益} \times 100\ (\%)$$

　資料1および資料2から当期純利益対キャッシュ・フロー比率を計算し，比較してみる。資料1から求められる東京株式会社の当期純利益対キャッシュ・フロー比率は78.5％，新宿株式会社の当期純利益対キャッシュ・フロー比率は－2.7％である。つまり，東京株式会社は当期純利益と同じだけの資金の増加とまではいかないが8割近い資金の増加を確保しているのに対し，新宿株式会社は利益はあげたものの，資金の増加までは結びついていない。つまり，資金繰りは東京株式会社のほうが良い状態にあると判断できるのである。

［東京株式会社］

$$\frac{142,500}{181,500} \times 100 = 78.5\%\ (小数点第1位未満四捨五入)$$

［新宿株式会社］

$$\frac{-1,500}{55,500} \times 100 = -2.7\%\ (小数点第1位未満四捨五入)$$

❷ 流動負債対営業キャッシュ・フロー比率

　企業で短期間に返済しなければならない流動負債が，営業活動から生じる資金で返済することができれば，企業の経営活動はより健全な状態にあると判断できる。そこで，流動負債の返済を営業活動によるキャッシュ・フローで対応することが可能であるのか，また，どのくらいの割合を占めるのかを判断する指標が流動負債対営業キャッシュ・フロー比率である。

　流動負債対営業キャッシュ・フロー比率は次の算式で求められ，その値が大きければ短期の返済を要する流動負債に占める営業活動によるキャッシュ・フローの割合は大きく，資金繰りが良いと判断できる。そして，仮に，流動負債対営業キャッシュ・フロー比率が100％未満の場合は，営業活動からのキャッシュ・フローだけではなく，財務活動や投資活動から生じたキャッシュ・フローも短期の返済に活用しなければならない状態にあると判断できるのである。

〈流動負債対営業キャッシュ・フロー比率〉

$$\text{流動負債対営業キャッシュ・フロー比率} = \frac{\text{営業活動によるキャッシュ・フロー}}{\text{流動負債}} \times 100 \, (\%)$$

資料1および資料2から流動負債対営業キャッシュ・フロー比率を計算し，比較してみる。資料1から求められる東京株式会社の流動負債対営業キャッシュ・フロー比率は29.5%，新宿株式会社の流動負債対営業キャッシュ・フロー比率は16.8%であり，両社とも営業活動によるキャッシュ・フローだけでは短期の返済のための資金が十分ではないと判断できる。

［東京株式会社］

$$\frac{259,500}{880,000} \times 100 = 29.5\% \, (\text{小数点第1位未満四捨五入})$$

［新宿株式会社］

$$\frac{104,000}{620,000} \times 100 = 16.8\% \, (\text{小数点第1位未満四捨五入})$$

演習問題

1. EDINET（http://info.edinet-fsa.go.jp）を活用し，有価証券報告書を2社選択しなさい。その2社の有価証券報告書におけるキャッシュ・フロー計算書から，次の図を作成しなさい。

企業名	[ ]	[ ]
営業活動による キャッシュ・フロー		
投資活動による キャッシュ・フロー		
財務活動による キャッシュ・フロー		

2. 1.で選択した2社に関して当期純利益対キャッシュ・フロー比率を求め，比較しなさい。
3. 2.で選択した2社に関して流動負債対営業キャッシュ・フロー比率を求め，比較しなさい。

補　章　簿記（Bookkeeping）の歴史

　簿記の起源は中世イタリアにおいて複式記入が成立し，複式簿記が成立したのは中世イタリアにおいてであった。その典型的な例が中世イタリア商人による地中海貿易であった。

　簿記がいつごろできたかというと，1494年，イタリアのベニスにおいて出版されたルカ・パチョリの「算術，幾何，比および比例総覧」という本のなかで論じられたのが最初で，その普及過程は，イタリア国内ばかりではなく，他のヨーロッパ諸国，アメリカ，そして明治期の日本にも繋がっている。この意味で各国に広まっていった「ズムマ」の著者ルカ・パチョリは「会計の父」とも称されているのである。

　わが国へは，明治6年（1873年）6月アメリカのブライアントとストラットンの著書「Common School Bookkeeping」を翻訳した，福沢諭吉の『帳合之法』が出版された。

　同年の12月シャンド・アレキサンダー・アランの指導のもとで，『銀行簿記精法』が日本で最初に簿記という言葉を用いた本である（シャンドの項目で後述する）。

　「会計の祖」ルカ・パチョリについては，欧米諸国における会計学者および数学者たちによる研究および紹介，前世紀から数多く見受けられる。

1　パチョリ（Luca Pacioli 1445-1517）

注：「ルカ・パチョリの生涯」日本ミロク票簿

　ルカ・パチョリは，ルネッサンスの黄金時代に活躍した人物である。ただ，彼の出身地でもあり，隠退地でもあるサンセポルクロの風土および伝統の理解も要求される。

　サンセポルクロ（日本名に訳せば"聖墓の町"という）は，イタリアの花の都フィレンツェ（フローレンス）の南東約80哩，イタリア丘陵地の中心都市ペルージアの北方40哩に位置する。アレッツォの北東に位置し，バスで40分程度の距離に位置し，ティベル（テーベ）川の上流に沿った城壁に囲まれた静かな町である。

　ルカ・パチョリは中世から，あらたに「現実への目覚め」が瑞々しく展開した時代であった。こうしたルネッサンスのなかで，商業資本の台頭期等々してきたことを理解しておくべきである。

　ルカ・パチョリは，著書『算術，幾何，比および比例総覧』（Su [m] ma de arithmetica

Geometria proportioni [et] proportionalita.）初版1494年（『スムマ』と略称）である。

　本書は，中世イタリアの都市の商人が利用し，発展させた企業の帳簿記録法である。この中で，複式簿記を開設する。まず，記帳は，「神の名において，十字架をつけること」ではじめられる。仕訳帳，元帳などの処理を簡単に述べ，試算表で貸借双方の合計が一致したところで，かく記す。

　この書は，当時のウルビーノ公グイドバルトに物心両面の援助を受け，出版されたのである。また，当時のルネッサンスの芸術家レオナルド・ダ・ヴィンチとの交友関係もあった。

2　シャンド（Shand, Alexander Allan 1844/2/11-1930/4/12）

　シャンドはAberdeenの名家の生まれである。Chartered Mercantile Bank of India, London & China（1858年設立，1864年横浜進出）の一員として渡米し，1866年にはすでに横浜にきており，69年末の資格はacting managerであった。

　明治5年わが国の明治初め新政府が行った「殖産興業政策」の一翼として重要な近代的銀行業の輸入・移植に関し，その経営方法の指導において大きな貢献をなし，今日にいたるまで なおわが国の銀行業界に大きな影響をとどめている。

　故西川孝治郎博士の考証によれば，「シャンドに関する正確な史実を調査し，その普及に努めてきたが，誤伝・誤聞一掃は容易でなかった。しかるにさき頃わが国経営史学の権威土屋喬雄博士は，シャンド伝のほとんど決定版ともいうべき2書を著わされた。」[1]

　政府は明治5年6月17日，太政官に国立銀行条例案を上呈し，銀行制度を創建するに際して外国人の招聘を行った。「国立銀行の経営について，7月8日大蔵省に若干28歳のシャンドを雇い入れた。近代的銀行制度移植政策の顧問兼教師として当時，オリエンタル・バンクのロバートソンやカーゲルの推薦を受け，木戸孝允と井上馨の推薦を得て大蔵省内の上司や下僚とも相談し，明治5年10月1日から明治8年9月30日までの3カ年，シャンド雇入れが決定したのであった。」[2]

　当時のシャンドは大蔵省の招きで，紙幣頭付属書記官（期間3年，給与初年450円以後500円）に任命され，「銀行計算の簿冊書式」を立案起草させた。書記官とはいえ，俸給は当時の大臣級であったといわれる。当時のシャンドは数々の業績を残した。おもなもの3つをみると，第1は簿記の導入。着任後10カ月で日本初の銀行簿記の教科書「銀行簿記精法」を紙幣寮において翻訳・補正したうえで，12月に出版，長くわが国銀行簿記の原点となった。第2は本格的な銀行検査（監査）であり，シャンドは各銀行に赴き，貸借対照

1）西川孝治郎『日本簿記史談』同文舘，1976年。
2）土屋喬雄『お雇い外国人―金融・財政―』鹿島出版，1969年。

表を詳細に検査，預金の性格まで聞いたという。当時の第一国立銀行総監査役，渋沢榮一によれば，シャンドは「利息が取れる，元金が返る，ほかは何でも構わぬ主義ではない。いかに堅固な得意先でも金の使い道だけは知っておくのが根本の道理」と諭したそうだ。

第3は外債発行。西南の役を機に英国へ帰国したシャンドはロンドンのパース・バンク副支店長に就任。当時の大蔵省では日露戦争の資金調達を狙い外債発行を計画していた。後に首相となった高橋是清はロンドンで英国銀行団とぎりぎりの交渉の末，五百万ポンドで譲歩しかけた。その折，シャンドは米国投資銀行クーンロープ商会を紹介，日本国の希望金額一千万ポンドの調達が実現し，国運盛衰の節目を救ったのである[3]。

❶ シャンド年譜（西川孝治郎『日本簿記史談』同文舘，昭和46年度より抄約）

1844年2月11日（天保14年12月23日）スコットランド・アバディンの名家に生まれる。学歴はわが国には知られていないが，彼の著書や，それに引用した文献を見ても，高い教養を身につけていたことがわかる。彼の弟も自由党首領グラッドストーンの秘書の勤めなどしているから，やはり相当の人物だったに違いない。

1866年（慶応2年）22歳のときはすでにChartered Mercantile Bank of India, London & Chinaの一員として横浜にきていた。この銀行は1858年の創立で，横浜進出は1864年（ウエストミンスター銀行調べ）である。当時横浜78番にあり，鉄柱バンクと呼ばれた。

1869年（明治2年）には acting manager であった。

1871年（明治4年）妻エメリン・クリスマス（1848年11月13日生れ）男女の双生児を生む。

1872年（明治5年）わが国は銀行制度創建のため彼を招聘することとなり，7月8日紙幣寮に雇い入れ銀行所務に従事させた。ただちに銀行簿記制度立案に着手。

  10月1日　大蔵大輔，井上馨と雇入条約書を交換した。名義は紙幣寮付属書記官，期間3年，月給初年度450円，以後500円。

1873年（明治6年）銀行簿記脱稿，大蔵官員，第一国立銀行員に講習した。

  8月翻訳が終わり，12月『銀行簿記清法』として刊行された。

  8月8日　箱根に避暑中，男児モンテギュー急死，芦の湖湖畔萬福寺に葬る。

  10月　病気のため一時英国に帰る。

1874年（明治7年）10月28日　米国汽船グレイト・リパブリック号で再渡来。

  11月1日　紙幣寮外国書記官兼顧問長として雇入れ，通貨，銀行に関する著述，銀行学局における教授指導を兼務する。

1875年（明治8年）10月　得能紙幣頭にしたがって京阪地方銀行を検査す。この年の業績として写本，第一国立銀行シャンド氏報告，シャンド報告追補，シャンド氏会話などが残っている。

1876年（明治9年）10月　国立銀行条例改正意見書を提出する。このほか彼の業績には，この年上半期中に翻訳されたものだけでも報告書四冊，意見書三冊あり，刊行されたものには銀行簿記精法のほかに，銀行大意（10年2月刊）および日本国立銀行事務取扱方（10〜11年銀行雑誌所

---

3) 西川孝治郎『会計学大辞典』同文舘，「シャンド」参照。

載）がある。

1877年（明治10年）2月7日　紙幣寮改革のため解職，褒賞として金700円を贈られた。3月帰国したことになっているが，正確な日はわからない。

1878年（明治11年）帰英の翌年ロンドンのアリアンス銀行に入った。

1881年（明治14年）1月16日　横浜正金銀行副頭取小泉信吉が欧米に出張するに際し，大隈重信はシャンドに紹介状を書き，もう一度彼を日本に招聘したいと伝えたが実現せず。

1892年（明治25年）アライアンス・バンクはパース銀行と合併し，翌1893年1月彼はロンバード街支店長に昇進した。

1902年（明治35年）2月27日　往年日本の銀行制度創設に尽くし，帰英後も日本新公債募集に尽力した功により，勲四等旭日章を贈られた。
　　　　　　　　　　10月　パース銀行本店支配人に昇進した。

1904年（明治37年）7月14日　英貨公債募集に尽力した功績により，勲三等瑞宝章を贈られた。

1906年（明治39年）3月27日　前年11月四分利英国公債募集の時の功績に対し，またも勲三等旭日章を贈られた。

1908年（明治41年）12月22日　勲二等瑞宝章を贈られた。この年の暮れ，彼はパース銀行支配人をやめた。

1909年（明治42年）1月　パース銀行取締役に選任された。

1918年（大正7年）3月31日　パース銀行はウエストミンスター銀行と合併，シャンドはその際銀行をやめ，南英チャドレイに隠退した。

1930年（昭和5年）4月12日　スイスで受けた手術の結果が悪く，インフルエンザを併発し，バークストンで死亡した。享年86歳。遺体はブルックウッド墓地に葬ってある[4]。

❷ シャンド顕彰碑のこと

　2007年8月8日に箱根・萬福寺住職小笠原聡老師のもと（神奈川県足柄下郡箱根町箱根228）に集まり，シャンドおよびシャンドの家族（シャンドの子息，シャンドの夫人）の法要を執り行うことができたのである。そして，2008年8月8日に135回法要とシャンドの顕彰碑の建立とご子息モンテギューのお墓の再興を約束してプロジェクトをはじめたのである。おおよそ1年をかけ各界に呼びかけた，渋沢榮一記念財団，心友会，旧第一勧業銀行関係者，大原学園，租税実務研究会・菊正会，大東文化大学前川ゼミ，会計人などの協力を求めた結果，9法人119名の個人からの浄財が調達でき，墓石・顕彰碑・案内板等の設置ができたのである。

（1）除幕式と法要
　箱根，芦ノ湖湖畔，遊覧船の船着場（箱根駅伝ミュージアム）近くにある真言宗大谷派萬福寺・小笠原聰老師のもとに風格あるどっしりした山門の入り口左手に「箱根学校発祥の地」

4）前川邦生執筆「お雇い外国人　シャンドの墓をたずねて」大東文化新聞，1984年7月15日。

の案内碑，さらに左手に「アラン・シャンド　縁の地」と彫られた真新しい石碑がある。

　　『明治の初め，わが国に複式簿記・銀行簿記を教えた恩師
　　　英国人シャンド氏は，明治六年「銀行簿記精法」完成の後
　　　この地に逗留中，旅籠駒にて参歳の長男を亡くす。
　　　童子の墓は当萬福寺にあったが，昭和五年の北伊豆地震の山津波で埋没。
　　　境内に，シャンド氏の顕彰碑と，再建された童子の墓がある。』

　この山門から3メートルほど登った高台に本堂があり，その後方に造成された墓地の一角に（12.96平米：萬福寺の提供による），「アラン・シャンド顕彰之碑」が建立された。
　さらに左手に，シャンドの子息モンテギューの墓が再建された。
　明治の当初に彫られていた碑文と同一の墓碑名が刻まれた。
　　In Loving Remembrance of Montague Shand.
　　　eldest son of Alexander Allan
　　　and Emmeline Christmas Shand,
　　　born 1871, died 8 Aug 1873.
　その墓碑の裏には，「2008年8月8日　再建　アラン・シャンドを顕彰する会」と刻んである。
　その右手に，すてを小松石刻まれたで立派な『アラン・シャンド顕彰之碑』が建立され，正面には，

　　　　　　　　わが国に於ける複式簿記・銀行簿記の教師
　　　　　　　　　アラン・シャンド顕彰之碑
　　　　　　　　－　天下ノ事会計ヨリ重キハナシ　－
　　　　　　　　　　　　　　　　　　　銀行簿記精法序ヨリ

と刻まれている。「アラン・シャンド顕彰之碑」の揮毫は大東文化大学書道学科教授田中裕昭（日展会員）によるものである。この裏面にはシャンドを偲ぶ顕彰之碑の建立の経緯が書かれている。内容は，

Allan Shandは，1844年2月英国の名家に生まれる。1872年明治新政府は国立銀行条例を制定，氏をお雇い外国人として招聘し，銀行・金融諸制度の創設に当たらせた。

　1873年，銀行簿記書を脱稿，これを翻訳し「銀行簿記精法」として刊行。これは，わが国最初の複式簿記書の原点で「シャンド式簿記」と称され，第一国立銀行を嚆矢とし全銀行の統一経理基準となり，また広く企業会計の経典となった。

　氏はこの本を脱稿しこの地で静養中に，参歳の長男が急逝し，ここ萬福寺に葬った。

　1877年任を終え帰英後も，日本の財政界人との友好深く，わが国の近代化に貢献した。

　その功績によって財官挙げて顕彰を行い，また童子の墓も，有志により供養されて来たが，1930年北伊豆地震により童子の墓・寺共に埋没し，爾来80年墓の再建はならなかった。氏は，1930年4月 86歳で逝去，ロンドン郊外のブルックウッドの森に眠る。

　かかる近代日本の国造りの恩人アラン・シャンド氏の功績を忘れず，またこれを次世代に繋ぎ伝えるため，有志相はかり，童子の眠るこの静寂の地に，これを建立した。

2008年8月8日
アラン・シャンドを顕彰する会

設置場所：箱根・萬福寺（真宗大谷派）
　　〒250－0521　神奈川県足柄下郡箱根町箱根228
　　　住職　　小笠原　聡　老師

施　工　主：湯河原石材株式会社
　　〒413－0001　静岡県熱海市泉96－5
　　　社長　　杉本忠史　殿

　また，シャンドに関する研究書等の入手可能なものは，アラン・シャンドを顕彰する会から寄贈され，萬福寺の待合室に閲覧可能な図書として保管されている。

　わが国に「井戸を掘った人」を忘れずに，箱根の地に，「アラン・シャンドの遺跡」として伝えたいと願う1人である。わが国の若者に，特に簿記会計の勉学者や将来，職業会計人を目指す人々によき守り神になれば幸いである。

（大東文化大学・前川邦生記）

資　　料 | DATA

資料1　東京株式会社

連結貸借対照表
平成○＋1年3月31日　　　　　　　　（単位：千円）

（資産の部）		（負債の部）	
Ⅰ　流動資産		Ⅰ　流動負債	
1　現金および預金	300,000	1　支払手形	300,000
2　受取手形	140,000	2　買掛金	250,000
3　売掛金	170,000	3　短期借入金	130,000
4　有価証券	130,000	4　その他	200,000
5　棚卸資産	150,000	流動負債合計	880,000
6　その他	120,000		
貸倒引当金	△ 1,000	Ⅱ　固定負債	
流動資産合計	1,009,000	1　社　債	260,000
		2　長期借入金	200,000
Ⅱ　固定資産		3　その他	140,000
1　有形固定資産		固定負債合計	600,000
(1)　建　物	240,000	負債合計	1,480,000
(2)　機械装置	300,000		
(3)　運搬具	100,000	（純資産の部）	
(4)　土　地	350,000	Ⅰ　株主資本	
(5)　その他	20,000	1　資本金	200,000
有形固定資産合計	1,010,000	2　資本剰余金	140,000
2　無形固定資産		3　利益剰余金	500,000
(1)　のれん	20,000	4　自己株式	△ 6,000
(2)　その他	30,000	株主資本合計	834,000
無形固定資産合計	50,000	Ⅱ　評価・換算額等	15,000
3　投資その他の資産	300,000	Ⅲ　少数株主持分	90,000
固定資産合計	1,410,000	純資産合計	939,000
資産合計	2,419,000	負債純資産合計	2,419,000

連結損益計算書

自平成〇年4月1日至平成〇+1年3月31日　　　（単位：千円）

Ⅰ	売上高		2,000,000
Ⅱ	売上原価		1,500,000
	売上総利益		500,000
Ⅲ	販売費及び一般管理費		
	1　広告宣伝費	50,000	
	2　給　料	70,000	
	3　減価償却費	30,000	
	4　その他	50,000	200,000
	営業利益		300,000
Ⅳ	営業外収益		
	1　受取利息	8,000	
	2　受取手数料	3,000	
	3　その他	7,000	18,000
Ⅴ	営業外費用		
	1　支払利息	6,000	
	2　支払手数料	3,000	
	3　その他	10,000	19,000
	経常利益		299,000
Ⅵ	特別利益		1,000
Ⅶ	特別損失		1,500
	税引等調整前当期純利益		298,500
	法人税，住民税および事業税	149,250	
	法人税等調整額	△ 32,250	88,000
	少数株主利益		29,000
	当期純利益		181,500

連結キャッシュ・フロー計算書

自平成〇年4月1日至平成〇+1年3月31日　　　（単位：千円）

Ⅰ	営業活動によるキャッシュ・フロー	
	1　税金等調整前当期純利益	298,500
	2　減価償却費	50,000
	3　受取利息および配当金	△3,000
	4　支払利息	3,700
	5　売上債権の増減額（△）または減少額	100
	6　棚卸資産の増減額（△）または減少額	5,000
	7　仕入債務の増減額は減少額（△）	△5,000
	8　その他	△10,000
	小　計	339,300
	9　利息および配当金の受取額	4,000
	10　利息の支払額	△3,800
	11　法人税等の支払額	△80,000
	営業活動によるキャッシュ・フロー	259,500
Ⅱ	投資活動によるキャッシュ・フロー	△78,500
Ⅲ	財務活動によるキャッシュ・フロー	△28,000
Ⅳ	現金および現金同等物に係る換算差額	△10,500
Ⅴ	現金および現金同等物の増減額	142,500
Ⅵ	現金および現金同等物の期首残高	157,500
Ⅶ	現金および現金同等物の期末残高	300,000

資料2　新宿株式会社

連結貸借対照表
平成○＋1年3月31日　　　　　　　　　　　　　　　　　　（単位：千円）

（資産の部）		（負債の部）	
Ⅰ　流動資産		Ⅰ　流動負債	
1　現金および預金	126,000	1　支払手形	200,000
2　受取手形	570,000	2　買掛金	80,000
3　売掛金	370,000	3　短期借入金	140,000
4　有価証券	220,000	4　その他	200,000
5　棚卸資産	100,000	流動負債合計	620,000
6　その他	130,000		
貸倒引当金	△ 10,000	Ⅱ　固定負債	
流動資産合計	1,506,000	1　社　債	60,000
		2　長期借入金	100,000
Ⅱ　固定資産		3　その他	80,000
1　有形固定資産		固定負債合計	240,000
(1)　建　物	300,000	負債合計	860,000
(2)　機械装置	250,000		
(3)　運搬具	150,000	（純資産の部）	
(4)　土　地	100,000	Ⅰ　株主資本	
(5)　その他	64,000	1　資本金	250,000
有形固定資産合計	864,000	2　資本剰余金	250,000
2　無形固定資産		3　利益剰余金	1,500,000
(1)　のれん	40,000	4　自己株式	△ 20,000
(2)　その他	10,000	株主資本合計	1,980,000
無形固定資産合計	50,000	Ⅱ　評価・換算額等	△ 30,000
3　投資その他の資産	400,000	Ⅲ　少数株主持分	60,000
固定資産合計	1,364,000	純資産合計	2,010,000
資産合計	2,870,000	負債純資産合計	2,870,000

連結損益計算書
自平成○年4月1日至平成○+1年3月31日　　（単位：千円）

I	売上高		2,000,000
II	売上原価		500,000
	売上総利益		1,500,000
III	販売費及び一般管理費		
	1　広告宣伝費	1,300,000	
	2　給　料	70,000	
	3　減価償却費	30,000	
	4　その他	50,000	1,450,000
	営業利益		50,000
IV	営業外収益		
	1　受取利息	3,500	
	2　受取手数料	155,000	
	3　その他	20,000	178,500
V	営業外費用		
	1　支払利息	12,000	
	2　支払手数料	10,000	
	3　その他	10,000	32,000
	経常利益		196,500
VI	特別利益		20,000
VII	特別損失		100,000
	税引等調整前当期純利益		116,500
	法人税，住民税および事業税	52,425	
	法人税等調整額	8,575	58,000
	少数株主利益		3,000
	当期純利益		55,500

連結キャッシュ・フロー計算書

自平成〇年4月1日至平成〇＋1年3月31日　　（単位：千円）

Ⅰ　営業活動によるキャッシュ・フロー	
1　税金等調整前当期純利益	116,500
2　減価償却費	25,000
3　受取利息および配当金	△ 700
4　支払利息	3,500
5　売上債権の増減額（△）または減少額	200
6　棚卸資産の増減額（△）または減少額	4,000
7　仕入債務の増減額は減少額（△）	4,000
8　その他	500
小　計	153,000
9　利息および配当金の受取額	2,100
10　利息の支払額	△ 4,100
11　法人税等の支払額	△ 47,000
営業活動によるキャッシュ・フロー	104,000
Ⅱ　投資活動によるキャッシュ・フロー	△ 75,000
Ⅲ　財務活動によるキャッシュ・フロー	△ 30,000
Ⅳ　現金および現金同等物に係る換算差額	△ 500
Ⅴ　現金および現金同等物の増減額	△ 1,500
Ⅵ　現金および現金同等物の期首残高	127,500
Ⅶ　現金および現金同等物の期末残高	126,000

資料3　東京株式会社および新宿株式会社の期首資料

（単位：千円）

	東京株式会社	新宿株式会社
期首総資産	2,600,000	2,000,000
期首株主資本	900,000	2,000,000

解　答 | ANSWER

―――――――――――― 第 I 部 ――――――――――――

第1章　会計の目的と種類

1. 企業会計は企業で行われている会計を指す。企業は経済活動を行う組織体であり、その主たる目的は利益の追求にある。なぜならば企業が利益を獲得しなければ、企業そのものを継続することができず、経済活動を行うことができないからだ。したがって、企業会計の目的は損益計算となる。すなわち、企業が経済活動の結果、どれだけの利益を獲得したのかを計算することが企業会計の目的である。

2. 財務会計と管理会計について説明したうえで、それぞれの報告対象は誰かを考えてみよう。

3. 企業会計における「アカウンタビリティ」、「利害調整」、および「意思決定支援」のそれぞれの意味を考え、自分の言葉で説明してみよう。

第2章　企業の記録と財務諸表

1. 損益計算書は収益と費用、貸借対照表は資産、負債および純資産から構成され、これらは複式簿記の記録に基づいて作成される。

　　複式簿記は、企業における経済活動を貨幣額で記録・整理・計算する技法である。複式簿記の記帳プロセスも記録・整理・計算の順に行われる。

　　第1のプロセスは、取引を帳簿に仕訳という方法で記録することである。仕訳は、取引を資産・負債・純資産・収益・費用の5つの要素に分解して、貨幣額で記録することである。仕訳は仕訳帳と呼ばれる帳簿に記入される。

　　第2のプロセスは、仕訳帳の記録を総勘定元帳に転記することによって、仕訳によって分解された5つの要素を項目ごとに整理することである。これは項目ごとにそれの名称がついた総勘定元帳の「勘定」と呼ばれる場所に、金額を書き移すことによって行われる。

　　第3のプロセスは、総勘定元帳の各勘定に整理された金額を計算して試算表を作成することである。これによって各勘定の合計額や残高が明らかになる。

　　各勘定の残高のうち、収益と費用は損益計算書に、資産、負債および純資産は貸借対照表に集計される。このように複式簿記の記帳プロセスに従って記録・整理・計算していくと、自動的に損益計算書と貸借対照表を作成することができるのである。

2. 損益法では「収益－費用」、財産法では「期末純資産－期首純資産」で当期純利益が計算される。そのため損益法は損益計算書で、財産法は貸借対照表で当期純利益が明らかにされる。損益計算書と貸借対照表の特徴は何かを考えたうえで、当期純利益を計算するにあたってのそれぞれの長所と短所を考えてみよう。

第3章 アカウンタビリティとステークホルダー

1. 株式会社は，株式を発行することによって経営活動に必要な資金を調達する会社である。株式を購入する者を株主といい，株主は当該株式会社の出資者となる。株主は出資額に応じて議決権や利益配当などの権利を有し，基本的に会社経営には携わらない。そこで株主は株主総会において専門的経営者として取締役を選出し，会社経営を取締役に委託する。

　このように株式会社では出資者と経営者は別となっており，株主が出資者として経営資金を提供し，株主によって選任された取締役が経営資金を管理・運用して会社経営を行うというしくみになっている。

2. アカウンタビリティは財産の委託・受託関係の成立によって発生する。株式会社で財産の委託・受託関係が成立するのは，どのような場合だろうか？　そして，株式会社でのアカウンタビリティはどのように履行され，解除されるのだろうか？

3. ステークホルダーは企業に資金を提供しているか否かにかかわらず，企業からの報告を受ける権利を有する者である。それぞれのステークホルダーは企業とどのような関係があり，財務諸表を通じて企業にどのような情報を求めているだろうか？

第4章 制度会計

1. 会計制度は，会計を社会的に規制するための会計方法ないし会計機構をいう。日本における主要な会計制度には，会社法，金融商品取引法および税法（法人税法・租税特別措置法）がある。

　制度会計は，これらの会計制度に基づいて行われている会計である。したがって，会社法に基づいて行われる会計を会社法会計，金融商品取引法に基づいて行われる会計を金融商品取引法会計，税法に基づいて行われる会計を税務会計という。

2. 会社法会計と金融商品取引法会計の目的は何だろう？　税務会計の特徴は何だろう？

3. トライアングル体制を構成している会計制度は何だろう？　これらの会計制度は，どのように会計を規制しているのだろう？

第5章 会計公準と会計原則

1. 会計公準とは，会計が成立するための基礎的前提であり，誰もが当然のこととして容認しているものをいう。会計公準には，企業実体の公準，継続企業の公準および貨幣的評価の公準がある。

　企業実体の公準は，企業それ自体を1つの計算単位として会計を行うという公準である。継続企業の公準は，将来にわたって企業が永続的に存続すると仮定して会計を行うという公準である。そのため継続企業の公準は，損益計算を行うための会計期間の設定を前提とする。貨幣的評価の公準は，会計計算は物量数字ではなく，貨幣額によって行うという公準である。

2. 真実性の原則について説明したうえで，この原則における「真実」の意味を考えてみよう。さらに真実性の原則は，企業会計原則においてどのような位置づけにあるのかを考えてみよう。

第6章　損益計算書

1．売上総利益は，売上高から売上原価をマイナスして算出された利益である。売上高は商品やサービスの販売高であり，売上原価は販売した商品やサービスの原価である。したがって，売上総利益は商品やサービスの販売によって得た利益である。

　　営業利益は，売上総利益から販売費及び一般管理費をマイナスして算出された利益である。販売費及び一般管理費は，商品やサービスを販売するための費用や企業の一般管理に要する費用であり，営業活動を行うのに必要不可欠な費用である。したがって，営業利益は企業の本来の活動である本業によって得た利益である。

　　経常利益は，営業利益に営業外収益をプラスし営業外費用をマイナスして算出された利益である。営業外収益と営業外費用は，企業の経常的な活動のうち営業外の活動から発生した収益と費用である。したがって，経常利益は経常的な活動から得た利益であり，企業の経常的な収益力を表す利益である。

　　税引前当期純利益は，経常利益に特別利益をプラスし特別損失をマイナスして算出された利益である。特別利益と特別損失は，企業の非経常的な活動から発生した収益と費用である。したがって，税引前当期純利益は当期の経済活動によって発生したすべての収益から費用をマイナスした利益であり，法人税等の課税前における当期の利益である。

　　当期純利益は，税引前当期純利益から法人税等をマイナスして算出された利益である。したがって，当期純利益は法人税等の納付後の利益であり，企業の分配可能な利益となる。

2．損益計算書では損益計算区分ごとに段階的に利益を算出する。当期業績主義損益計算書と包括主義損益計算書では，それぞれどの段階までの利益を計算するのだろう？

3．収益と費用はいずれも発生主義会計によって認識される。発生主義会計は，収益や費用が発生したという事実に基づいて認識する方法である。収益と費用の発生の事実は，それぞれどのように認識するのだろう？

第7章　貸借対照表

1．貸借対照表は，資産，負債および純資産から構成されている。勘定式貸借対照表では借方に資産，貸方に負債および純資産が記載され，資産合計と負債および純資産合計は一致する。

　　貸借対照表の貸方は資金の調達源泉を明らかにしている。すなわち，負債と純資産は資金の調達先を表しており，株主から調達した資金であれば資本金として純資産に計上され，債権者から調達した資金であれば負債に計上される。

　　一方，貸借対照表の借方は資金の運用形態を明らかにしている。すなわち，調達した資金がどのような状態にあるのか，何に投下されているのかを，現金や建物といった資産項目において具体的に示しているのである。

2．1年基準と正常営業循環基準のそれぞれの意味を考え，自分の言葉で説明してみよう。

3．資産とは具体的には，金銭価値をもつもの，企業が所有している財産，企業にとって将来の収益獲得に役立つものとなる。なぜこういったものが資産となるのかを考え，自分の言葉で説明してみよう。

4．資産の評価基準は3つある。それぞれについて説明したうえで，資産はどの基準で評価さ

5．企業の支払義務とは何を意味するのかを考え，自分の言葉で説明してみよう。
6．資本剰余金と利益剰余金の源泉は，それぞれ資本と利益である。資本とは何か，利益とは何かを考えて，自分の言葉で説明してみよう。
7．正常な営業循環基準過程にあるもの（支払手形・買掛金等）はすべて流動負債というように区分すること。また，決算の翌日から1年以内か1年を超えるかの区分で，流動負債の区分をすること。

―――――――――― 第Ⅱ部 ――――――――――

第1章　税金の概要

1．①治安の維持，②教育，③30，④納税の義務，⑤84，⑥租税法律主義

2.

直接税	所得税・法人税・相続税・贈与税・住民税
間接税	消費税・酒税・地方消費税
国　税	所得税・法人税・相続税・贈与税・消費税・酒税・たばこ税・自動車重量税・関税・印紙税・登録免許税
地方税	道府県税・市町村税
道府県税	道府県民税・事業税・自動車税・地方消費税・不動産取得税・道府県たばこ税・ゴルフ場利用税・自動車取得税
市町村税	市町村民税・固定資産税・事業所税・軽自動車税・市町村たばこ税・入場税
普通税	所得税・法人税・相続税・贈与税
目的税	軽油引取税・都市計画税・自動車取得税
収得税	所得税・法人税
財産税	相続税・贈与税・固定資産税
消費税	消費税・酒税・ゴルフ場利用税・地方消費税
流通税	印紙税・自動車重量税・不動産取得税・登録免許税

3.

公共法人	地方公共団体，住宅金融公庫，住宅・都市整備公団，首都高速道路公団，新東京国際空港公団，地方住宅供給公社，地方道路公社，日本育英会，日本中央競馬会，日本放送協会，国際協力事業団，国民金融公庫
公益法人	学校法人，宗教法人，日本商工会議所，日本赤十字社，日本学術振興会，日本弁護士連合会，農業協同組合連合会，宇宙開発事業団，労働組合（法人にあるものに限る）
協同組合	漁業協同組合，信用金庫，消費生活協同組合，商工組合中央金庫，水産加工業協同組合，森林組合等。
人格のない社団	同窓会，PTA，協会，法人でない労働組合，クラブ，親睦会，研究会
普通法人	株式会社，合名会社，合資会社，合同会社，医療法人，企業組合

4．①所得，②国税，③各事業年度，④益金，⑤損金，⑥解散，⑦合併，⑧比例税率

第2章　所得税の概要

1. ①収入金額，②負債の利子，③収入金額，④必要経費，⑤給与所得控除額，
   ⑥退職所得控除額，⑦1／2，⑧50，⑨取得費，⑩50，⑪支出金額，⑫50，
   ⑬必要経費，⑭公的年金等控除額

2. ①居住者，②非居住者，③全世界所得，④永住者，⑤非永住者，⑥10，⑦5，⑧5，⑨1

3. 所得税 5,204,000円

   ①　195万円×5％　　　　　　＝　97,500円
   ②（330万円－195万円）×10％＝135,000円
   ③（695万円－330万円）×20％＝730,000円
   ④（800万円－695万円）×23％＝<u>241,500円</u>
   　　　　　　　　　　　　　　　1,204,000円

第3章　損益法と財産法，キャッシュ・フロー計算書

1. 参考：会計処理（仕訳解答）

   会社「設立」データ

   ①（現　金）500,000　　（資本金）500,000
   ②（備　品）30,000　　　（現　金）30,000
   ③（現　金）80,000　　　（借入金）80,000

   会社「期中」データ

   ①（仕　入）525,000　　（買掛金）525,000
   ②（給　料）70,000　　　（現　金）70,000
   ③（売掛金）750,000　　（売　上）750,000
   ④（通信費）40,000　　　（現　金）40,000

期首　貸借対照表		損益計算書		期末　貸借対照表	
資　産	負　債	費　用	収　益	資　産	負　債
現　金	借入金	仕　入	売　上	現　金	借入金
500,000	（80,000）	(525,000)	(750,000)	550,000	（80,000）
－30,000				－70,000	買掛金
＋80,000		給　料		－40,000	(525,000)
(550,000)		（70,000）		(440,000)	
					純資産
備　品		通信費		売掛金	期首資本金
（30,000）		（40,000）		(750,000)	(500,000)
	純資産				純利益
	資本金		純利益	備　品	(115,000)
	(500,000)		(115,000)	（30,000）	
合計 580,000	合計 580,000	合計 750,000	合計 750,000	合計1,220,000	合計1,220,000

財産法による純損益の算出

> ① 期首資産 － 期首負債 ＝ 期首純資産
> ② 期末資産 － 期末負債 ＝ 期末純資産
> ③ 期末純資産 － 期首純資産 ＝ ＋純利益（－純損失）

計算式　② 1,220,000円－(80,000円＋525,000円)＝615,000円（期末純資産）
　　　　③ 615,000円－500,000円＝115,000円

損益法による純損益の算出

> 総収益 － 総費用 ＝ ＋純利益（－純損失）

計算式売上　750,000円－(仕入525,000円＋給料70,000円＋通信費40,000円)＝115,000円

第4章　社会保険料と年金計算

1．①政府（社会保険庁），②健康保険組合，③国家公務員，④国民健康保険
2．①国民年金「基礎年金」，②20，③25，④国民年金基金，⑤厚生，⑥共済，⑦企業
3．①倒産，②定年，③自己都合，④1年間，⑤90日〜360日，⑥12，⑦12，⑧6，⑨180

第5章　割引計算（現価係数表・年金現価係数表の見方，読み方）

1．
1年後　$\dfrac{1円}{(1+0.06)}$　＝　0.94339…　現価係数 0.9434
　　　　(1.06)

2年後　$\dfrac{1円}{(1+0.06)^2}$　＝　0.88999…　0.8900
　　　　$(1.06)^2$

3年後　$\dfrac{1円}{(1+0.06)^3}$　＝　0.83961…　0.8396
　　　　$(1.06)^3$

2．（1）現価係数を利用しない場合　　　（2）現価係数を利用する場合

（円位未満四捨五入）

$\dfrac{70,000円}{(1+0.03)^4}$ ＝ 62,194円　現価係数
$(1.03)^4$

$\dfrac{1円}{(1+0.03)^4}$ ＝ 0.88848…　現価係数
$(1.03)^4$
（小数点第5位四捨五入）

70,000円 × 0.8885 ＝ 62,195円

＊解答上端数処理により1円の差が生じている。

3. ①0.7350, ②3.3121, ③0.9238 (3.8077 − 2.8839), ④2.6730 (0.9434 + 0.8900 + 0.8396)
   または (1.8334 + 0.8396)
4. ①150,000円 × 0.6806 = 102,090円, ②60,000円 × 3.8077 = 228,462円

第6章 損益分岐分析（原価 cost・営業量 volume・利益 profit）の分析

1.

1個データ

貢献利益	変動費 240円	売上高 800円
	固定費 1,890,000円	
	営業利益	

0.3	変動費	売上高 1
	固定費 1,890,000円	
0.7	営業利益	

＊変動費率：@240 ÷ @800 = 0.3
＊貢献利益率：1 − 0.3 = 0.7

①・② 損益分岐点売上・販売数量の算出方法

0.3	変動費	売上高 1
	固定費 1,890,000円	
0.7	営業利益「0」	

1,890,000円 ÷ 0.7 = 2,700,000円 ② 損益分岐点売上

2,700,000円 ÷ @800円 = 3,375個 ① 販売量

参考（計算式）

$$損益分岐点売上高 = \frac{固定費（2,700,000円）}{貢献利益率（0.7）}$$

③ 目標営業利益の算出方法

0.3	変動費	売上高 1
	固定費 1,890,000円	
0.7	営業利益「490,000円」	

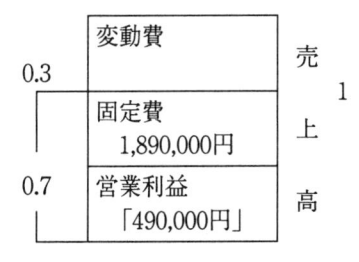

1,890,000円 + 490,000円 = 2,380,000円
2,380,000円 ÷ 0.7 = 3,400,000円
3,400,000円 ÷ @800円 = 4,250個 ③ 販売量

参考（計算式）

$$希望営業利益売上高 = \frac{固定費（1,890,000円）+希望営業利益（490,000円）}{貢献利益率（0.7）}$$

④ 安全余裕率の算出方法

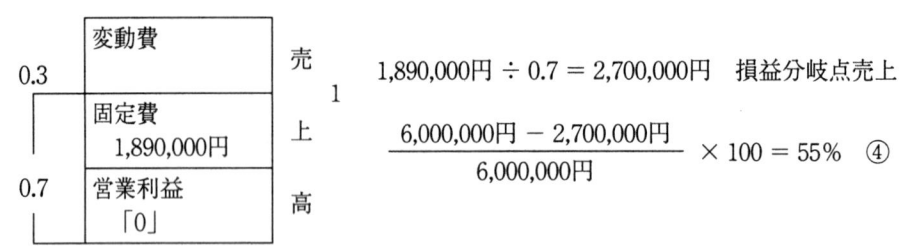

```
         変動費
0.3
         固定費              売     1,890,000円 ÷ 0.7 = 2,700,000円  損益分岐点売上
         1,890,000円         上 1
                             高        6,000,000円 − 2,700,000円
0.7      営業利益                      ─────────────────────── × 100 = 55%   ④
         「0」                              6,000,000円
```

参考（計算式）

$$安全余裕率 = \frac{現在の売上高 − 損益分岐点売上高}{現在の売上高} \times 100$$

2.

```
         1個データ
         変動費                          変動費
         (     )円  売                   売
貢       ─────── 上 2,000円       0.75  ─────── 上 1
献       固定費     高                   固定費   高
利       1,200,000円                    1,200,000円
益       営業利益                  0.25  営業利益
```

＊変動費率：問題文より＝0.75
＊貢献利益率：1 − 0.75 = 0.25

①・② 損益分岐点売上高および販売量

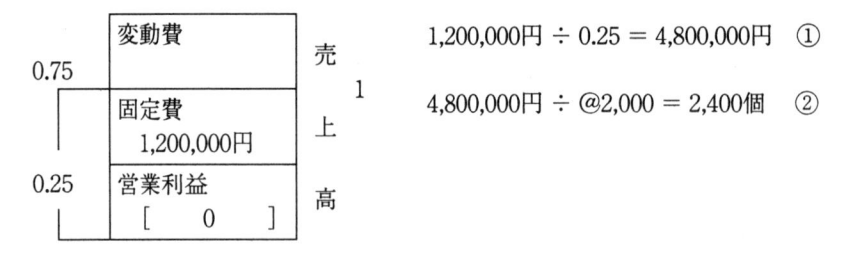

```
         変動費
0.75
         ─────────         売
         固定費             上 1    1,200,000円 ÷ 0.25 = 4,800,000円  ①
         1,200,000円        高
0.25     営業利益                   4,800,000円 ÷ @2,000 = 2,400個   ②
         [   0   ]
```

③ 月間営業利益

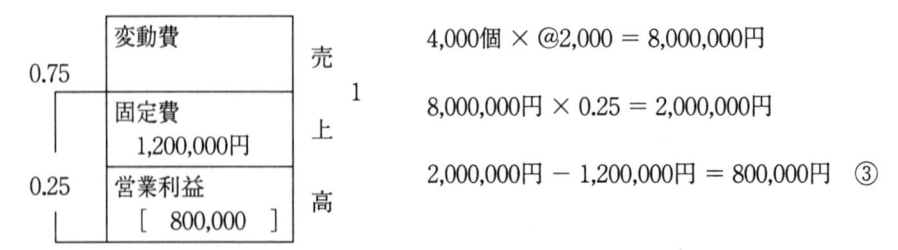

```
         変動費                      4,000個 × @2,000 = 8,000,000円
0.75
         ─────────         売
         固定費             上 1     8,000,000円 × 0.25 = 2,000,000円
         1,200,000円        高
0.25     営業利益                    2,000,000円 − 1,200,000円 = 800,000円   ③
         [ 800,000 ]
```

第8章　国際会計基準
1．①Financial Statements（F/S），②Balance Sheet（B/S），③Profit and Loss Statement（P/L），④Income Statement（I/S），⑤Statement of Cash flow，⑥ASBJ，⑦IASCF，⑧IASB，⑨IFRS，⑩FASB，⑪SFAS
2．①Assets，②Cash，③Liabilities，④Loans payable，⑤Capital，⑥Common stock，⑦Expenses，⑧Purchase，⑨Net income，⑩Revenue または Income，⑪Sales

---

第Ⅲ部

第2章　損益計算書から得られる情報

以下の情報に基づく解答例を示す。

新橋株式会社：売上高1,000，売上原価700，売上総利益300，販売費及び一般管理費100，営業利益200，経常利益400，法人税等調整前当期純利益300，当期純利益180

品川株式会社：売上高1,000，売上原価500，売上総利益500，販売費及び一般管理費400，営業利益100，経常利益150，法人税等調整前当期純利益100，当期純利益60

1．［企業名：新橋株式会社］

売上高	1,000
売上総利益	300（売上原価 700）
営業利益	200（販管費 100）
経常利益	400
法人税等調整前当期純利益	300
当期純利益	180

［企業名：品川株式会社］

売上高	1,000
売上総利益	500（売上原価 500）
営業利益	100（販管費 400）
経常利益	150
法人税等調整前当期純利益	100
当期純利益	60

2．新橋株式会社，品川株式会社ともに売上高は同じである。しかし，売上原価と販売費及び一般管理費の関係から，営業利益は品川株式会社よりも新橋株式会社のほうが大きくなっている。また，営業外活動による利益の獲得も新橋株式会社のほうが良いと判断できる。

3．売上高営業利益率－新橋株式会社　20.0%，品川株式会社10.0%

　　新橋株式会社は，品川株式会社よりも売上高営業利益率が大きく，新橋株式会社のほうが主たる営業活動から得られる利益が大きいと判断できる。

　解説：［新橋株式会社］　　　　　　　　　［品川株式会社］

$$\frac{200}{1,000} \times 100 = 20.0\% \qquad \frac{100}{1,000} \times 100 = 10.0\%$$

第3章　貸借対照表から得られる情報

以下の情報に基づく解答例を示す。

新橋株式会社：資産1,000（内流動資産600），負債400（内流動負債250），純資産600

品川株式会社：資産800（内流動資産400），負債500（内流動負債150），純資産300

1．［企業名：新橋株式会社］　　　　　　［企業名：品川株式会社］

資産 （1,000） 内流動資産 （600）	負債 （400） 内流動負債 （250） 純資産 （600）	資産 （800） 内流動資産 （400）	負債 （500） 内流動負債 （150） 純資産 （300）

2．自己資本比率 － 新橋株式会社 60.0%，品川株式会社 37.5%

　　新橋株式会社は，品川株式会社よりも自己資本比率が高く，総資本に占める返済不要な自己資本の割合が高い。したがって，品川株式会社より新橋株式会社の方がよい状態であると判断できる。

　解説：［新橋株式会社］　　　　　　　　　［品川株式会社］

$$\frac{600}{1,000} \times 100 = 60.0\% \qquad \frac{300}{800} \times 100 = 37.5\%$$

3．純資産負債比率 － 新橋株式会社 66.7%，品川株式会社 166.7%

　　新橋株式会社は，品川株式会社よりも純資産負債比率が低く，かつ，100%以下である。したがって，将来返済が必要な負債よりも，返済不要な純資産のほうが大きく，品川株式会社より新橋株式会社の方が長期の安全性が高いと判断できる。

　解説：［新橋株式会社］

$$\frac{400}{600} \times 100 = 66.7\% \text{（小数点第1位未満四捨五入）}$$

[品川株式会社]

$$\frac{500}{300} \times 100 = 166.7\% \text{ （小数点第1位未満四捨五入）}$$

4．流動比率 － 新橋株式会社240.0％，品川株式会社133.3％

　　　新橋株式会社，品川株式会社ともに流動比率は100％を超えており，かつ，新橋株式会社は品川株式会社よりもその値が高いことから，より短期の安全性が高いと判断できる。

　解説：[新橋株式会社]

$$\frac{600}{250} \times 100 = 240.0\% \text{ （小数点第1位未満四捨五入）}$$

　　　　[品川株式会社]

$$\frac{400}{300} \times 100 = 133.3\% \text{ （小数点第1位未満四捨五入）}$$

第4章　損益計算書および貸借対照表から得られる情報

以下の情報に基づく解答例を示す。

　　新橋株式会社：期首総資産980，期首株主資本500，期末総資産1,000，期末株主資本540，当期純利益180

　　品川株式会社：期首総資産760，期首株主資本260，期末総資産800，期末株主資本280，当期純利益60

1．①　株主資本当期純利益率（ROE）－ 新橋株式会社34.6％，品川株式会社22.2％

　解説：[新橋株式会社]

$$\frac{180}{(500+540) \div 2} \times 100 = 34.6\% \text{ （小数点第1位未満四捨五入）}$$

　　　　[品川株式会社]

$$\frac{60}{(260+280) \div 2} \times 100 = 22.2\% \text{ （小数点第1位未満四捨五入）}$$

　　②　総資産当期純利益率（ROA）－ 新橋株式会社18.2％，品川株式会社7.7％

　解説：[新橋株式会社]

$$\frac{180}{(980+1,000) \div 2} \times 100 = 18.2\% \text{ （小数点第1位未満四捨五入）}$$

　　　　[品川株式会社]

$$\frac{60}{(760+800) \div 2} \times 100 = 7.7\% \text{ （小数点第1位未満四捨五入）}$$

　　①の株主資本当期純利益率（ROE），②の総資産当期純利益率（ROA）ともに品川株式会社よりも新橋株式会社のほうが高く，株主資本，資産ともに新橋株式会社のほうがより効率的に活用していたと判断できる。

第5章 キャッシュ・フロー計算書

以下の情報に基づく解答例を示す。

新橋株式会社：流動負債250，当期純利益180，営業活動によるキャッシュ・フロー250，投資活動によるキャッシュ・フロー△100，財務活動によるキャッシュ・フロー100

品川株式会社：流動負債150，当期純利益60，営業活動によるキャッシュ・フロー20，投資活動によるキャッシュ・フロー△10，財務活動によるキャッシュ・フロー△5

1.

企業名	[新橋株式会社]	[品川株式会社]
営業活動による キャッシュ・フロー	250	20
投資活動による キャッシュ・フロー	△100	△10
財務活動による キャッシュ・フロー	100	△5

2．当期純利益対キャッシュ・フロー比率 － 新橋株式会社138.9％，品川株式会社8.3％

　　新橋株式会社は，当期純利益対キャッシュ・フロー比率が100％を超えていることから，利益の獲得が資金の増加に結びついていると判断できる。しかし，品川株式会社は，100％に満たないことから利益は獲得しているものの，資金の増加には結びついていないと判断できる。

解説：[新橋株式会社]

$$\frac{250}{180} \times 100 = 138.9\% \text{（小数点第1位未満四捨五入）}$$

[品川株式会社]

$$\frac{5}{60} \times 100 = 8.3\% \text{（小数点第1位未満四捨五入）}$$

3．流動負債対営業キャッシュ・フロー比率 － 新橋株式会社100.0％，品川株式会社13.3％

　　新橋株式会社は，流動負債対営業キャッシュ・フロー比率が100％であり，営業活動によるキャッシュ・フローで短期の返済に必要となる資金の確保が可能であると判断できる。しかし，品川株式会社は，100％に満たないため，営業活動によるキャッシュ・フローのみでは短期の返済に十分な資金が確保できない状況にあると判断できる。

解説：[新橋株式会社]

$$\frac{250}{250} \times 100 = 100.0\%$$

[品川株式会社]

$$\frac{20}{150} \times 100 = 13.3\% \text{（小数点第1位未満四捨五入）}$$

《編著者紹介》

山本孝夫（やまもと・たかお）
　　元嘉悦大学経営経済学部教授

前川邦生（まえがわ・くにお）担当：補章
　　元大東文化大学経営学部教授

《著者紹介》（執筆順）

飯野幸江（いいの・ゆきえ）担当：第Ⅰ部
　　嘉悦大学経営経済学部教授

井上行忠（いのうえ・ゆきただ）担当：第Ⅱ部
　　嘉悦大学経営経済学部教授

谷川喜美江（たにがわ・きみえ）担当：第Ⅲ部
　　千葉商科大学商経学部准教授

（検印省略）

2010年4月20日　初版発行
2012年4月20日　二刷発行
2014年4月20日　三刷発行

略称－リテラシー

会計リテラシー

編著者　山本孝夫・前川邦生
発行者　塚田尚寛

発行所　東京都文京区　株式会社　創 成 社
　　　　春日2-13-1

電　話 03（3868）3867　　FAX 03（5802）6802
出版部 03（3868）3857　　FAX 03（5802）6801
http://www.books-sosei.com　振　替 00150-9-191261

定価はカバーに表示してあります。

©2010 Takao Yamamoto, Kunio Maegawa　組版：でーた工房　印刷：エーヴィスシステムズ
ISBN978-4-7944-1397-0 C3034　　　　　製本：宮製本所
Printed in Japan　　　　　　　　　　　　落丁・乱丁本はお取り替えいたします。

―― 簿記・会計学選書 ――

書名	著者	区分	価格
会計リテラシー	山本孝夫・前川邦生	編著	1,500円
演習工業簿記	前川邦生	監修	1,800円
ズバッと解決！日商簿記検定3級商業簿記テキスト ―これで理解ばっちり―	田邉正・矢島正	著	1,500円
厳選 簿記3級問題集＜徹底分析＞	くまたか優	著	1,200円
要説企業簿記	森久・﨑章浩・長吉眞一	著	2,600円
簿記教本	寺坪修・井手健二・小山登	著	1,680円
日商簿記2級・3級の「仕訳の切り方」 ―商業簿記編―	小池和彰	著	2,000円
アカウンティング・トピックス	小池和彰	著	1,800円
入門商業簿記	片山覚	監修	2,400円
中級商業簿記	片山覚	監修	2,200円
入門簿記	倉茂・市村・臼田・布川・狩野	著	2,200円
要説簿記論	石崎・児島・市村・小畠・大橋・坂東	著	2,800円
監査入門ゼミナール	長吉眞一・異島須賀子	著	2,200円
新簿記入門ゼミナール	山下壽文・日野修造・井上善文	著	1,900円
会計入門ゼミナール	山下寿文	編著	2,900円
管理会計入門ゼミナール	高梠真一	編著	2,000円
アメリカ管理会計生成史 ―投資利益率に基づく経営管理の展開―	高梠真一	著	3,500円
監査報告書の読み方	蟹江章	著	1,800円
新版現代会計	木下照嶽・小林麻理・中島照雄	編著	3,600円
明解簿記講義	塩原一郎	編著	2,400円
明解会計学講義	塩原一郎	編著	1,900円
企業会計の歴史的諸相 ―近代会計の萌芽から現代会計へ―	村田直樹・春日部光紀	編著	2,300円
簿記の基礎問題集	村田直樹	編著	1,000円
入門アカウンティング	鎌田信夫	編著	3,200円
簿記システム基礎論	倍和博	著	2,900円

（本体価格）

―― 創成社 ――